T0246152

# FENÓMENOS EXTRAÑOS

# FENÓMENOS EXTRAÑOS

MIGUEL ÁNGEL SABADELL

© Editorial Pinolia, S.L.

© Textos: Miguel Ángel Sabadell, 2022

Primera edición: junio de 2022

Colección: Divulgación científica

www.editorialpinolia.es
editorial@editorialpinolia.es

Diseño y maquetación: Andrés Pérez Muñoz

Diseño cubierta: Julieta G. Obligado

Depósito Legal: M-28609-2021
ISBN: 978-84-18965-21-0

Impresión y Encuadernación: QP Quality Print Gestión y Producción Gráfica S. L.

Printed in Spain. - Impreso en España

Avi Loeb, catedrático de Astrofísica de la Universidad de Harvard, publicó a principios de año Extraterrestre, un libro en el que desarrolla la teoría de que Oumuamua, el primer objeto interestelar que nos visita y que fue detectado en octubre de 2017 por el telescopio Pan-STARRS de Hawái, es en realidad un vestigio tecnológico de una civilización alienígena. Su afirmación la sustenta básicamente en tres datos: su inusual geometría para tratarse de una roca, que recuerda a un enorme habano; su anormal luminosidad, pues es diez veces más brillante que el resto de los asteroides típicos del Sistema Solar; y su inesperada desviación en su trayectoria, que se puede corresponder a la que seguiría una vela solar impulsada por la radiación del Sol. Muchos científicos creen que Loeb se ha pasado de frenada y que solo se trata de una afirmación extraordinaria carente de, como diría Carl Sagan, pruebas extraordinarias; de hecho, hay astrónomos que aseguran que estamos ante una pieza de hielo de nitrógeno procedente de un mundo similar a Plutón. Sea lo que sea que es Oumuamua, los ufólogos han descorchado la botella de champán para celebrar la evidencia más científica de la existencia de extraterrestres. Fiesta a la que se ha sumado el orbe de las pseudociencias y lo paranormal, desde videntes y astrólogos hasta criptozoólogos. Como dice el periodista Luis Alfonso Gámez, lo paranormal cotiza al alza. Pero ahí está la ciencia para poner pie en pared.

ENRIQUE COPERÍAS
PERIODISTA CIENTÍFICO Y ESCRITOR

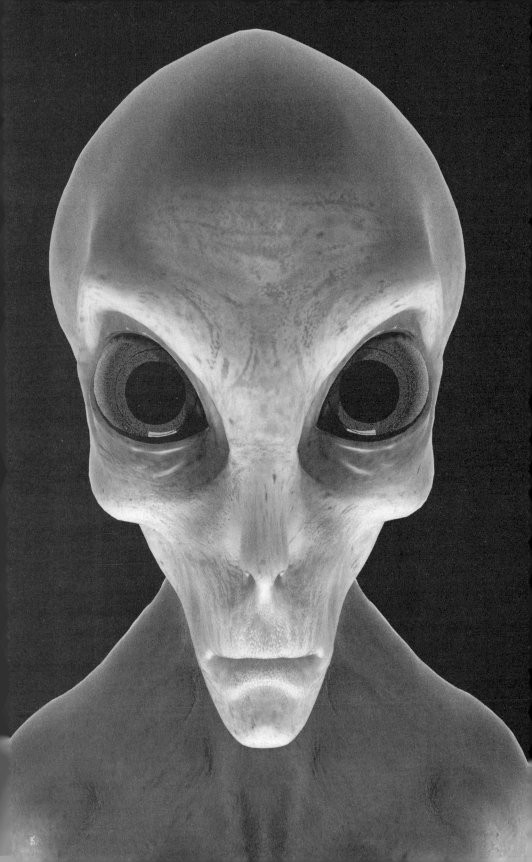

# ÍNDICE

# CREER EN LO INCREÍBLE

En 1998, Joe Firmage, el emprendedor que había fundado la compañía informática Serius y la empresa de *marketing online* USWeb, y que a sus veintiocho años era multimillonario, escribió un libro de seiscientas páginas titulado *La Verdad*. En él afirmaba que muchos avances tecnológicos de nuestro tiempo, como el transistor semiconductor, el láser o la fibra óptica, procedían de la ingeniería inversa aplicada a los restos de los platillos volantes que se estrellaron en el desierto de Nuevo México en 1947. ¿Es posible que esas ideas procedieran de un brillante e inteligente empresario? Y sobre todo, ¿Firmage se creía lo que decía? Podríamos pensar que perdió la cabeza, pero no estaría de más que revisáramos nuestras propias vidas. Nos decimos seres racionales, pero nos creemos casi cualquier cosa que nos digan. Lo vemos cuando nos dejamos impresionar por un famoso que anuncia un producto en la tele o por un influencer en internet. Sabemos que les están pagando por aconsejarnos ese reloj, pero seguimos picando.

¿Y nuestras creencias profundas? El antropólogo de la Universidad Washington en San Luis Pascal Boyer recuerda que durante una cena en Cambridge contaba a los comensales historias sobre los fang. Los miembros de este pueblo de Guinea Ecuatorial creen en brujas que salen por la noche para arruinar los sembrados y envenenar la sangre a

Una máscara del pueblo fang, de Guinea. Sus miembros creen en brujas, como nosotros en la manzana de Adán y Eva.

los vecinos, entre otras cosas. Entonces un teólogo católico que estaba presente en la cena le dijo: «Esto es lo que hace de la antropología algo tan fascinante, tratar de explicar por qué la gente puede creer semejantes tonterías». Boyer se quedó de piedra y contestó: «Los fangs se quedarían igualmente sorprendidos de escuchar que tres personas son realmente una pero siguen siendo tres, o que todas las desgracias de este mundo se deben a que dos antepasados nuestros comieron cierta fruta exótica en un jardín».

La fe religiosa muestra nuestra capacidad para creer en lo más inverosímil. Los católicos están convencidos de que una mujer puede dar a luz a un niño sin la intervención de un varón. Los musulmanes, que Mahoma viajó en un caballo alado hasta Damasco. Los mormones, que su libro sagrado proviene de unas nunca vistas planchas de oro que Joseph Smith descifró, a lo que hay que añadir las visitas del ángel Moroni y de Juan el Bautista. ¿Por qué vemos ridículas las creencias ajenas y no las nuestras? ¿Por qué aceptamos unas sin tener ninguna prueba de que sean ciertas, pero no nos tragamos otras? ¿Qué las hace plausibles para algunos pero no para todos? ¿Qué nos dan?

La respuesta puede encontrarse en la necesidad del ser humano de trascender a la realidad objetiva que le rodea. Viktor Frankl, un psiquiatra austriaco que sobrevivió a la brutalidad de los campos de concentración nazis, se preguntó: ¿por qué resiste la gente en condiciones como las que yo sufrí allí? ¿Cómo podemos seguir creyendo que merece la pena vivir? Llegó a la conclusión de que solo somos capaces de soportar el sufrimiento si encontramos sentido a lo que nos ocurre. En Auschwitz, Frankl vio que a algunos lo que les ataba a la vida eran sus hijos; a otros, su fe religiosa, o ese talento o habilidad que todavía no habían tenido tiempo de desarrollar. Rescatar del olvido recuerdos de una comunidad, pasar unas horas al lado de alguien a quien se ama, terminar ese libro que se comenzó a escribir pueden ser motivos suficientes para continuar en pie. El desmoronamiento aparece cuando ya no hay sentido, cuando todo parece irracional, arbitrario e inconexo.

Esto explica el interés por lo paranormal y misterioso, y también demuestra que las explicaciones solo sirven a quien ya estaba convencido de antemano; al que no cree en lo extraordinario, la explicación no le convencerá. En 1956, los psicólogos de la Universidad de Chicago Leon Festinger, Henry Riecken y Stanley Schachter anali-

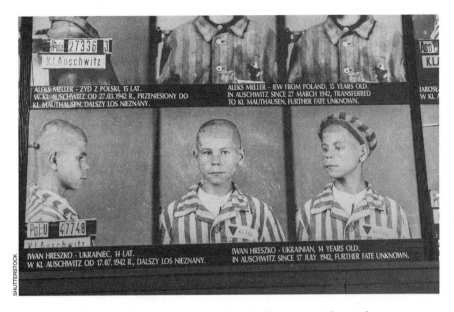

Viktor Frankl, un psiquiatra que sobrevivió a los campos nazis, pensaba
que para soportar el sufrimiento y seguir adelante después de ver aquel horror hacía falta
ncontrar un sentido a la vida. Arriba, un joven preso de Auschwitz.

zaron en el libro *Cuando la profecía falla* la historia del llamado Grupo
de Lake City. Sus treinta miembros, liderados por Charles Laughead
y Dorothy Martin, creían que el fin del mundo llegaría en forma de
diluvio el 20 de diciembre 1954, pues así se lo habían comunicado
a Martin unos seres, los Guardianes, desde el planeta Clarion. Los
extraterrestres les prometieron que enviarían unos platillos volantes
para salvarlos el mismo día de la catástrofe. En las semanas previas
se desarrolló en el grupo un sistema de creencias que fortaleció su
grado de compromiso y su convicción de estar en posesión de la
verdad. Pero el 20 de diciembre llegó y el mundo no se acabó. Los
extraterrestres comunicaron a Martin que el dios de la Tierra había
quedado tan impresionado por la luz que emanaba el grupo que
había concedido una prórroga al planeta. Los miembros de Lake
City, lejos de dudar de su líder, reinterpretaron el mensaje original y
se lanzaron a una campaña de proselitismo como no habían hecho
hasta entonces.

Los psicólogos llaman a este proceso «disonancia cognitiva». Es
la tensión que se crea cuando tenemos simultáneamente dos pensamientos contradictorios. En una encuesta realizada al respecto, uno
de los participantes respondió que no creía en la vida después de la

muerte pero sí en los espíritus. Y añadía: «Sé que suena contradictorio, pero es lo que creo». La reacción de los miembros de Lake City fue la que cabría esperar desde la disonancia cognitiva y la búsqueda de sentido. Eran personas que habían renunciado a sus empleos y posesiones a fin de estar listos para abandonar el planeta. Tras el fracaso, la única manera de reducir esa disonancia era captar más acólitos para sentirse mejor.

Encontrar sentido al mundo es esencial para entender las actitudes humanas, y uno de los mecanismos para lograrlo es negar el azar y abrazar la causalidad. ¿Dónde encontramos ese sentido? Evidentemente no nace con nosotros, ni nos lo inventamos totalmente. Gran parte proviene de los patrones cognitivos de la cultura en la que vivimos. Por ejemplo, intuimos cómo son los demás por lo que sabemos de ellos, pero también porque la cultura nos enseña a completar el resto, a rellenar las lagunas. En psicología esto se llama teorías implícitas de personalidad. Son los sesgos en que incurrimos cuando nos formamos una impresión de alguien a quien no conocemos en base a una cantidad de información limitada y a los estereotipos culturales en que lo encasillamos.

Esto también funciona a la hora de interpretar lo que nos rodea. Por ejemplo, una extraña luz que vimos en el cielo una noche de sábado. Aunque pueda razonarse en base a fenómenos naturales, eso no explica por qué algunos creen en los ovnis. El creyente siempre va a encontrar nuevos casos para llenar su fe. Mientras para los escépticos el azar y los fenómenos inexplicables forman parte de la realidad, para los creyentes sucede lo contrario: son la demostración palpable de que realmente hay algo o alguien que mueve el mundo. Por eso el debate entre unos y otros es estéril.

# EN MANOS DE LOS ASTROS

Entre los años setenta y noventa, ufólogos, parapsicólogos, dobladores de cucharas y videntes eran habituales en los programas de televisión, que se apuntaron al filón que ofrecía el mundo de lo misterioso. En ese entorno la astrología pretendía consolidarse como la mancia más seria y científica porque, según dijo uno de sus practicantes, usaban el ordenador y las tablas de posiciones planetarias de la NASA. Esta disciplina sostiene que la ubicación de los planetas en el momento de nacer influyen o determinan el carácter y destino de las personas, así como el futuro de los países y los vaivenes de la Bolsa. La astrología era la ciencia de las pseudociencias. También influía el escaso conocimiento que tenía la gente en general. La mayoría solo conocían los signos y unos pocos habían oído hablar de las cartas astrales.

Por entonces la astrología era muy popular. Se publicaban cientos de revistas, libros, almanaques y guías que explicaban las características de cada signo. Pero, contra lo que se suele pensar, esta materia es difícil de aprender. Según el astrólogo y crítico Geoffrey Dean, «al menos se necesita un año para familiarizarse con la teoría y su práctica». Por supuesto, eso no quiere decir que todos sus practicantes supuestamente serios realmente hayan dedicado ese tiempo a su estudio.

Plutón fue incluido en los horóscopos porque se suponía que era un planeta.
¿Qué pasa ahora que ha sido despojado de ese rango?

El problema es el confuso cuerpo de conocimientos que abarca. Y eso sin tener en cuenta que hay dos tipos de astrología. Una es la que conocemos los occidentales, la tropical, ligada a las estaciones; otra es la que practican los astrólogos orientales, la sidérea, ligada a las estrellas. En el siglo II, ambas eran iguales porque sus zodiacos coincidían, pero el fenómeno de la precesión de los equinoccios (un cambio lento y gradual en la orientación del eje de rotación de la Tierra) ha hecho que los signos siderales se encuentren casi un signo por delante de los tropicales. Eso quiere decir que según a quién consultes serás Libra o Escorpio, con las diferencias que eso implica. Y aun así, tu experto te dirá que su astrología es la que funciona.

Para descifrar una carta astral se debe seguir una regla básica: ningún factor debe ser juzgado aisladamente. Pero «una carta contiene unos cuarenta factores interesantes, cada uno con su significado individual, todos relevantes a la hora de la interpretación», según Dean. Y esto solo se refiere a los elementos más básicos, como los planetas, signos, casas y aspectos; si se incluyen otros, caso de puntos medios y contactos dinámicos, aparecen miles de datos que considerar. Ahora bien, nuestra memoria a corto plazo no puede jugar con más de nueve fragmentos de información a la vez (de ahí que nos cueste memorizar un número de teléfono de diez dígitos). Por eso la información contenida en una carta astral siempre excede la capacidad de cualquier astrólogo para manejarla. ¿Cómo superar este inconveniente? Mediante un apaño llamado síntesis de la carta. Así, el astrólogo decide cuáles son los factores más importantes y pondera unos con otros.

¿Hay reglas que fijen la forma de hacer la síntesis? La respuesta es no. En los dos mil años de historia de la astrología, sus practicantes han sido incapaces de ponerse de acuerdo a la hora de valorar los factores que son más importantes. Lo cierto es que nunca han tenido intención de llegar a un consenso. En 1982 David Hamblin, presidente de la Asociación Astrológica del Reino Unido, publicó en Astrological Journal: «Si doy con una persona apacible con cinco planetas en Aries, no me hará dudar de que este signo simboliza poder y agresividad. Puedo apelar a que su ascendente es Piscis o que el Sol está en conjunción con Saturno. Si estas excusas no valen, puedo decir que aún no ha desarrollado su potencial Aries. Y si al día

El zodiaco consta de doce sectores o signos.
Cada uno tiene sus propias características y significado simbólico.

siguiente me encuentro con alguien muy agresivo que también tiene cinco planetas en Aries, cambio el discurso y diré que estaba escrito en su configuración.»

Lo que Hamblin señala crudamente es que los astrólogos tienen una inagotable reserva de excusas para soslayar cualquier dificultad. Eso implica que resulta imposible hacer predicciones astrológicas fiables, como demostró en un estudio el psicólogo francés Michel Gauquelin en 1967. Mandó a la empresa Ordinastral, dedicada a hacer perfiles psicológicos a partir de la carta astral, la fecha y lugar de nacimiento de Marcel Petiot —un asesino en serie en cuyo sótano se encontraron veintisiete cadáveres–, como si fueran del propio Gauquelin. Luego puso un anuncio en el periódico *Ici Paris* ofreciendo gratis una carta astral personalizada a quien quisiera responder un pequeño cuestionario. Todos los que contestaron recibieron una carta idéntica —la elaborada por Ordinastral con los datos de Petiot— y el resultado de sus respuestas fue sorprendente: el 94 % dijo que describía al dedillo su personalidad, el 80 % que reflejaba muy bien su problemas y el 90 % que sus parientes y amigos estaban de acuerdo con la descripción. En suma, los honrados ciudadanos que

La carta astral o natal es el diagrama que usa la astrología para determinar la personalidad.

respondieron al anuncio se vieron plenamente identificados con la personalidad astrológica de un asesino en serie.

Y es que una carta astral hecha con datos erróneos también puede ajustarse a la personalidad. El periodista neerlandés del *De Telegraaf* Piet Hein Hoebens escribió en 1984: «El señor Gieles, un astrólogo muy conocido de La Haya, en respuesta a mis artículos críticos, publicó mi horóscopo, el cual reveló que las estrellas y planetas habían conspirado para hacerme un periodista hostil a sus opiniones. Todo se ajustaba con precisión excepto en un detalle: el señor Gieles había usado una fecha de nacimiento equivocada».

En 1986, los psicólogos alemanes U. Timm y T. Koberl analizaron los datos de una investigación hecha con 178 astrólogos de su país entre 1952 y 1955 por el Instituto para las Áreas Fronterizas en Psicología de Hans Bender. El estudio nunca fue publicado por esta organización partidaria de lo paranormal, pues mostraba que los expertos en astrología, después de analizar una media de cinco cartas astrales, no coincidían en ninguna de sus interpretaciones. Y si no están de acuerdo en nada a la hora de leer una carta astral, ¿qué valor tiene la astrología?

Rob Nanninga, un escritor neerlandés crítico con las medicinas alternativas, las sectas, los fenómenos paranormales y las pseudociencias en general, hizo en 1966 un experimento con sesenta astrólogos a los que encargó que eligieran cuál era el perfil psicológico correcto de siete voluntarios nacidos «alrededor de 1958». El perfil se establecía en base a un clásico test de personalidad al que se añadieron una serie de preguntas sobre su educación, vocación, aficiones, salud, religión, que propusieron los propios astrólogos. Una vez más los resultados volvieron a poner la astrología en un brete: no acertaron en casi nada.

En 2009, Stuart Vyse y Alyssa Wyman pidieron a cincuenta y dos estudiantes de psicología que identificaran entre dos perfiles hechos con el test de personalidad NEO Five-Factor Inventory cuál era el suyo. También tenían que distinguir su perfil correcto de otro falso obtenido mediante un programa que hacía cartas astrales, pero en el que los investigadores suprimieron toda referencia a términos astrológicos como signo, casa, planeta… Los estudiantes no tuvieron problema en identificar su perfil psicológico correcto, pero fallaron sistemáticamente a la hora de elegir el astrológico.

El antes citado Michel Gauquelin llevó a cabo una investigación exhaustiva entre 1949 y 1991. Este psicólogo francés usó muestreos de más de cien mil personas con datos obtenidos de sus partidas de nacimiento y verificó en numerosos libros y artículos científicos que era imposible probar las afirmaciones astrológicas sobre signos, aspectos y tránsitos. Gauquelin también hizo lo que llamó «experimento de destinos opuestos»: proporcionó a los astrólogos las fechas de nacimiento de veinte delincuentes y veinte ciudadanos honrados. Ninguno fue capaz de diferenciarlos a partir de su carta astral. En 1983 escribió: «Los astrólogos fallan y luego me acusan de amañar los resultados».

Y eso no es todo. Según la astrología, es posible anticipar el devenir político y económico de países, empresas, guerras… En 1978 dos miembros del US Geological Survey, Hunter y Derr, invitaron a los ciudadanos a que mandaran sus predicciones sobre terremotos para tenerlos en cuenta en una evaluación general de los diferentes sistemas de previsión. Entre quienes respondieron había veintisiete astrólogos. Pues bien acertaron mucho menos que las predicciones hechas al azar. Al año siguiente Roger

Culver y Philip Ianna analizaron 3011 predicciones específicas publicadas entre 1974 y 1979 en revistas como *American Astrology* y encontraron que solo trescientas treinta y ocho (el 11 %) eran correctas. Y la mayoría de estas últimas se referían a completas vaguedades tipo «seguirá la tensión este-oeste», «una tragedia sacudirá el país en primavera», y en esa línea.

El ejemplo más claro de la incapacidad de la astrología para ver el futuro es que ningún astrólogo fue capaz de predecir la caída del muro de Berlín, ni el 11-S, ni el 11-M, ni la misteriosa desaparición del vuelo 370 de Malaysia Airlines. Para fiasco, el de André Barbault, uno de los más prestigiosos astrólogos europeos del siglo XX, especialista en futurología política: vaticinó once veces el final de la guerra franco-argelina (al final acertó), anunció que Kennedy sería reelegido en 1964 (fue asesinado en 1963), dijo que Khruschev permanecería en el poder hasta 1966 (fue depuesto en 1964), que De Gaulle dimitiría en 1965 (fue reelegido)… Como dijo un crítico, «lo que anunció no sucedió, lo que sucedió no lo anunció».

¿Cuál ha sido la respuesta de los astrólogos al cúmulo de estudios que echan por tierra cualquier pretensión de validez de su disciplina? La mayoría dan la callada por respuesta y miran para otro lado. Unos pocos tratan de buscar motivos para explicar la debacle: los astrólogos analizados por las investigaciones no eran buenos, la muestra no era suficientemente extensa para una valoración clara, la astrología es imposible de comprobar científicamente… Esta última excusa es peculiar porque si es tan complicada, ¿por qué dicen que pueden descifrar la personalidad? Y es que hasta en eso han fallado. En 1985, Dean demostró que la astrología es incapaz de determinar algo tan sencillo como si una persona es introvertida o extravertida.

Entonces, ¿cómo saben los autores del horóscopo que, por ejemplo, Marte en Escorpio «proporciona voluntad, valor, fuerza, resistencia, agresividad y una capacidad de lucha fuera de lo común»? Su argumento es que está en los libros, o que se sabe de antiguo, como si fuera ciencia infusa. O que a fuerza de hacer millones de cartas astrales a lo largo de la historia se ha ido descubriendo ese patrón. En realidad, asignar un significado a cada aspecto de una carta astral es algo que se ha hecho de forma arbitraria. La prueba está en las supuestas influencias que tienen sobre nosotros Neptuno y Plutón. Respecto a este último, al que los astrólogos incluyeron

La posición de la luna influye en las características de la uva y del vino, según los partidarios de la enología biodinámica, un campo en el que los astrólogos han encontrado un nuevo mercado.

en sus horóscopos porque los astrónomos dijeron que era un planeta, ¿qué pasa ahora que no lo es? ¿Por qué no incorporan al resto de planetas enanos descubiertos en los últimos años, algunos más grandes que Plutón? Los augures de los cielos han asignado una lista completa de las propiedades astrológicas a cada cuerpo planetario a pesar de que Neptuno completó su primera órbita desde que lo descubrimos en 2010 y Plutón apenas ha recorrido un sexto de la suya. Pero, como apuntan los astrofísicos Culver e Ianna, «los astrólogos dicen que Plutón es el regente de Escorpio a pesar de que, desde su hallazgo, todavía tiene que entrar en ese signo en particular». Si, como dicen, la astrología es una ciencia empírica, ¿cómo pueden saber el efecto que tiene un planeta en un signo por el que todavía no ha pasado?

Un efecto curioso derivado de la incapacidad de los astrólogos para demostrar la validez científica de su creencia es que suelen agarrarse a cualquier cosa que suene a influencia cósmica. En una investigación de la Universidad Vanderbilt (Tennessee) publicada en 2010 en *Nature Neuroscience*, se encontraba por primera vez una prueba del efecto de las estaciones en la impronta genética de los relojes biológicos en los mamíferos, que por tanto podía explicar por qué la gente nacida en invierno tiene más riesgo de sufrir una serie de desórdenes neurológicos, como el trastorno afectivo estacional o la esquizofrenia. El ensayo se hizo con ratones recién nacidos a los que se mantuvo con iluminación artificial que simulaba el sol invernal mientras que otros disfrutaban de luz veraniega. Encontraron que «los ratones que crecieron en el ciclo invernal presentaban una respuesta muy exagerada al cambio de estación, muy similar a los pacientes humanos que muestran el desorden afectivo estacional o depresión de invierno», dijo uno de los investigadores. El efecto se debe a las diferencias de la luz invernal y la estival pero los astrólogos no lo vieron así. En *Natural News* escribieron que, según este estudio, «la posición de los planetas (que podría llamarse la estación de tu nacimiento) produce cambios en la fisiología del cerebro».

Recientemente la astrología ha encontrado un nicho donde convertirse en un próspero negocio, mejor que el de la venta de cartas astrales: la agricultura biodinámica. Una de las empresas certificadoras que otorgan el sello de biodinámico es la alemana Demeter International, que define esta práctica como una técnica agrícola ecológica basada en «la elaboración de compost, la utilización de estiércoles fermentados, purines, macerados de plantas, abonos verdes, rotaciones y asociaciones de cultivos, cercos vivos, espacios para la vida de la flora y fauna nativas integrados en las áreas de producción, cobertura del suelo y sistemas mixtos agrícola-ganaderos». Dicho así no suena muy esotérico, pero todo cambia cuando descubrimos que las posiciones de los planetas y la Luna definen cada proceso agrícola y que el campo se abona introduciendo ciertos preparados (algunos homeopáticos) en un cuerno de vaca enterrado a sesenta centímetros de profundidad y orientado para que recoja las energías cósmicas.

El creador de la agricultura biodinámica fue Rudolf Steiner (1861-1925), un místico austriaco que jamás tocó una azada y que con quince años se convenció de que había comprendido la naturaleza del tiempo y abierto la puerta a la clarividencia. Fue miembro de la Sociedad Teosófica, movimiento esotérico fundado por la ocultista Helena Blatvasky, que decía tener contactos sobrenaturales con una misteriosa sociedad de grandes sabios que vivían

Marcel Petiot (1897-1946) fue un asesino en serie francés cuyo perfil natal sirvió para desenmascarar a los astrólogos.

en el Himalaya y que le habían revelado la historia completa de la Tierra. Steiner bebió de esas fuentes y luego montó la Sociedad Antroposófica. Su conocimiento venía, según decía, no de la investigación y el estudio sino de la inspiración espiritual. Cuando en 1925 un grupo de agricultores le pidió que les diera las claves para mejorar sus cultivos, Steiner les ofreció una serie de consejos con los que poner de su parte a los «seres no físicos y las fuerzas elementales». Utilizar la biodinámica en cultivos extensos como el cereal es bastante complicado, pues el volumen de cosecha que se puede producir con estas técnicas pseudoagrícolas es muy bajo. Por eso se ha colado en un campo donde la cantidad no lo es todo: la enología. Es aquí donde la astrología está cosechando sus mayores éxitos. Incluso se han inventado las llamadas catas biodinámicas: el vino hay que degustarlo a ciertas horas y días del año. En un mundo como el de la sumillería, terriblemente subjetivo y sujeto a las más disparatadas modas, la aparición de este tipo de catas ha roto moldes.

¿Pero realmente importa algo poner a prueba a la astrología? La verdad es que no. Es más, los mismos astrólogos no tienen ninguna intención de comprobar con estudios serios su propia disciplina. La dan por válida porque, dicen, les funciona a ellos y a sus clientes. Y así es, los que creen en la astrología no necesitan que sea cierta, basta con que les reconforte.

# Los poderes de la mente

D esde mediados del siglo XIX, los científicos han intentado averiguar si nuestra mente puede hacer cosas que nos parecen imposibles, como transmitir información sin usar ningún dispositivo o mover objetos con solo concentrarnos. Han llevado la percepción extrasensorial al laboratorio, y allí han encontrado que proezas como hacer levitar una mesa de madera maciza o mantener conversaciones telepáticas no se dan cuando están presentes los investigadores, por mucho que abunden los testimonios en los libros y revistas dedicados a estos temas.

En condiciones controladas, la telepatía, la clarividencia o la psicoquinesis son fenómenos tan raros que deben hacerse largas series de intentos y complejos análisis estadísticos para encontrarlos dentro de una enorme nube de datos. Incluso los resultados que los parapsicólogos juzgan positivos no son tan espectaculares como parecen. Si, por ejemplo, piden a un dotado que se concentre en la imagen que está mirando una persona encerrada en otra sala —supongamos que es un racimo de uvas—, no dirá «veo un racimo de uvas», sino «veo algo que parece redondo». Las descripciones resultan exasperantemente vagas.

Nadie ha explicado cómo unos mismos fenómenos pueden ser tan distintos en la calle y en el laboratorio. La psicoquinesis, por ejemplo: por un lado, tenemos testimonios que dicen que, con el poder de sus mentes, algunas personas levantan sillas y mesas, o mueven vasos y botellas. Pero después, en el laboratorio, hay que hacer –literalmente– millones de ensayos para que, una vez de cada diez mil, un supuesto dotado cambie un cero por un uno en un generador de números aleatorios. Tras más de ciento setenta años de investigación, la parapsicología ha sido incapaz de proporcionar «una prueba incontestable y obtenida en condiciones controladas» de que los poderes de la mente existen. Solo hay un puñado de ensayos donde el fenómeno que pretenden probar es casi indistinguible del puro azar.

Estas dificultades desaniman a muchos parapsicólogos serios. Henry Sidgwick, primer presidente de la Sociedad para la Investigación Psíquica de Londres (fundada en 1882, y la primera organización dedicada a estudiar lo paranormal), dijo: «Si alguien me hubiera dicho que después de veinte años de investigación iba a estar en el mismo estado de duda que cuando comencé, me habría parecido una profecía increíble». De igual forma expresaba su frustración el psicólogo William James en su último artículo sobre la investigación psíquica, publicado en 1909: «He pasado muchas horas presenciando los fenómenos y aún no he llegado más lejos de lo que estaba al principio». En 1978, el filósofo Anthony Flew, que llevaba veinticinco años interesándose por la parapsicología, escribió: «Es deprimente tener que decir que la situación de hace un cuarto de siglo era muy parecida a la de ahora». Y en pleno siglo XXI, la situación no ha variado.

# Cirujanos psíquicos

**Arrancar de las profundidades del cuerpo un tumor usando solo las manos y mucho cuento es la especialidad de estos curanderos.**

En julio de 1980, el actor Peter Sellers fallecía de un ataque al corazón por desoír los consejos de sus médicos. Durante tres años, viajó a Filipinas para hacerse operar por los entonces famosísimos cirujanos psíquicos. Lo mismo hizo otro de los artistas estadounidenses más conocidos de los años setenta y ochenta, Andy Kaufman, que murió de un raro cáncer de pulmón cuando tenía treinta y cinco años. Dos meses antes, Kaufman, ya desahuciado, viajó a las Filipinas para que le operara un cirujano psíquico llamado Jun Labo, que afirmó haberle extirpado grandes tumores cancerosos.

La fama de estos supuestos sanadores era mundial. Según el antropólogo español Ignacio Cabria, que investigó este fenómeno en Filipinas, «fue Tony Agpaoa quien popularizó la técnica de las operaciones tal como hoy se practican, con abundante despliegue de sangre y extracción de objetos, y el cierre de la herida con un simple masaje» y «quien convirtió la cirugía psíquica en un espectáculo y negocio». Otro que tal bailaba era Alex Orbito, que consiguió la fama en Estados Unidos de la mano de la actriz y ferviente defensora de la New Age Shirley MacLaine.

Mientras, en España, tuvimos que esperar a los años 1990 para disfrutar de nuestro particular cirujano psíquico: un carpintero británico llamado Stephen Turoff, que fue presentado a bombo y platillo en el programa de Telecinco *Crónicas Marcianas*.

Todos tienen en común que operan con las manos, logrando lo que algunos parapsicólogos dieron en llamar «penetración de la materia a través de la materia». La técnica básica consiste en mantener oculta en la palma una pequeña bolsita que contenga sangre

Como Houdini, el mago canadiense James Randi se dedicó a desenmascarar fraudes de la parapsicología. En la imagen, reproduce una *cirugía psíquica* con truco de prestidigitación.

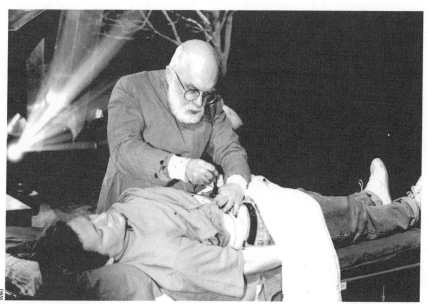

WIKI

El actor británico Peter Sellers
fue un hombre supersticioso
que acostumbraba a pedir consejo a
su astrólogo de cabecera
y puso su vida en manos de un
cirujano paranormal.

–o colorante– y algunas vísceras de animales. La zona de la operación debe escogerse de forma que sea fácil presionar para aparentar que se introduce la mano en su interior. Luego, se rasga la bolsita con la uña. Es importante que haya mucha sangre, pues su visión distrae la atención. La provisión de bolsitas puede estar escondida, por ejemplo, en los relieves de una palangana, entre los pliegues de una toalla o en un bolsillo del pantalón.

El origen de esta especialidad se remonta hacia 1950, en Brasil, de la mano de José Pedro de Freitas, más conocido como Zé Arigó. Según sus biógrafos, recibía instrucciones del espíritu de un supuesto médico alemán muerto durante la Primera Guerra Mundial. Fundó la clínica Congonhas, en el estado de Minas Gerais, en el sureste brasileño, donde cuentan que atendía, de forma gratuita, hasta doscientas personas por día. En 1956, la Asociación Médica y el Consejo Regional de Medicina de Minas Gerais le denunciaron por practicar la medicina de forma ilegal y fue condenado a quince meses de prisión. Sin embargo, no se sabe bien por qué, recibió el indulto. Sus poderes nunca fueron puestos a prueba en condiciones de laboratorio, y lo único que han sobrevivido son algunas filmaciones de sus operaciones usando un cuchillo viejo. En ellas se ve que nunca produjo incisiones, sino que las simulaba. A su muerte, el curandero que nunca cobraba dejó una herencia bastante sustanciosa. El sacerdote jesuita y parapsicólogo Óscar González-Quevedo recopiló diversos testimonios en su libro *Los curanderos* (1977) que revelaron la existencia de toda una organización dedicada a ensalzar su fama, policías en nómina y todo un entramado económico controlado por Zé Arigó y su esposa. No extraña, ya que según una estadística de la alcaldía de la ciudad, el 95 % de los visitantes extranjeros llegaban allí para ver a Arigó.

# Entre el laboratorio y la nada

**¿Hay personas capaces de enviar mensajes con la mente? ¿Se pueden mover objetos sin tocarlos? ¿Hay quien ve el futuro? Tras ciento setenta años, la búsqueda de respuestas científicas sigue sin dar frutos.**

Aunque la existencia de un mundo más allá de los sentidos ha estado presente siempre a lo largo de la historia, el interés por los poderes de la mente llegó como consecuencia de la aparición del espiritismo moderno. En 1848, dos niñas, Katie (once años) y Maggie Fox (catorce años) descubrieron que podían hacer ruidos crujiendo los huesos de los dedos de los pies, y decidieron asustar a su crédula madre haciéndolos pasar por golpes de espíritus. Jamás hubieran podido imaginar hasta dónde iba a llegar el engaño. Katie y Maggie pusieron de moda ese mundo de adivinos y agures, espíritus y fantasmas que siempre ha estado presente entre nosotros.

Por entonces, muchos científicos se interesaron por este nuevo campo: Crookes, Zöllner, Richet, Lombroso, Curie, Wallace, Lodge... incluso, el astrónomo español Comas Solá. En un intento por investigar académicamente el espiritismo, se funda en 1882 la Society for Psychical Research en Londres. Poco a poco, palabras como telepatía, precognición, clarividencia y psicoquinesis –todo ello englobado bajo el término percepción extrasensorial o PES– se irían incorporando al lenguaje común.

Sin embargo, tras la Segunda Guerra Mundial, el interés de la sociedad por el espiritismo decayó. Como por arte de magia, los espíritus decidieron dejar de mover mesas, producir ectoplasmas y hacer levitar a sus agentes terrenales. Mientras, los investigadores psíquicos se convertían en parapsicólogos y abandonaban la investigación espiritista por la de laboratorio, a fin de obtener un experimento reproducible que demostrara la existencia de la percepción extrasensorial.

El primer intento exhaustivo para determinar qué había de cierto en la telepatía lo hizo en 1915 John E. Coover, de la Universidad de Stanford. Se hicieron diez mil ensayos con ciento cinco receptores y noventa y siete emisores. Los receptores debían adivinar la carta escogida de un mazo de cuarenta cartas de póquer. Antes de cada serie, se arrojaba un dado que determinaba si el emisor debía ver las cartas. Si no las veía, la telepatía era imposible. Estas series ciegas servían como control para anular cualquier error estadístico. Coover no halló diferencia alguna entre las series telepáticas y las de control, y concluyó que no había prueba alguna para admitir la existencia de la telepatía.

Después, en la década de los años treinta, un exaspirante a ministro metodista y botánico reconvertido a psicólogo llamado Joseph Banks Rhine desarrolló todo un programa de investigación con el objetivo de que la parapsicología alcanzara reconocimiento científico. En su fuero interno Rhine había perdido su fe en Dios, pero no aceptaba la visión materialista y reduccionista que la ciencia le exigía. Deseaba, como muchos otros, demostrar que este mundo no es solo materia. En sus experimentos en la Universidad Duke (EE.UU.), usó una metodología sumamente simple: el investigador baraja unos naipes —ya sean de póquer o cartas Zener, diseñadas expresamente para este tipo de experimentos— y las coloca boca abajo en la mesa. El psíquico debía tratar de identificarlas. Tal procedimiento presenta muchos fallos de diseño: la barajadura puede ser imperfecta, el psíquico puede verlas en un despiste del investigador o reflejadas en alguna superficie cercana, pueden darse equivocaciones en el registro de aciertos y errores... La única forma de asegurar una absoluta limpieza era utilizar un procedimiento automatizado.

La primera investigación mediante un procedimiento de este estilo se realizó en 1963, en los Laboratorios de la Fuerza Aérea de Estados Unidos. W. R. Smith, E. F. Dagle, M. D. Hill y J. Mott-Smith diseñaron un aparato, al que llamaron VERITAC, que generaba aleatoriamente números del cero al nueve, registraba las predicciones del dotado, las comparaba con los números escogidos e imprimía los resultados. En este estudio, intervinieron treinta y cinco voluntarios y se realizaron cincuenta y cinco mil quinientas pruebas. Nuevamente, no se encontró evidencia de PES en ninguno, ni individualmente ni como grupo.

Los experimentos de telepatía supervisados por J. Rhine usaban cartas Zener,
especialmente creadas para este fin.

También la NASA ha asomado la nariz a la parapsicología. Entre
1973 y 1974, financió una investigación en el Stanford Research Institute con el fin de determinar la capacidad clarividente de las personas. En las primeras fases del experimento, donde los controles para
impedir un acceso normal a la información eran bastante laxos, se
obtuvieron resultados esperanzadores. Sin embargo, en la siguiente
fase, cuando las condiciones de control eran más rigurosas, los doce
sujetos que habían obtenido las mejores puntuaciones preliminares
no consiguieron resultados significativos. Como comentó el conocido
divulgador matemático Martin Gardner, «la historia del fracaso de
este caro experimento es casi un paradigma de lo que ha sucedido en
numerosas ocasiones en la investigación PES. Sujetos que puntúan
alto bajo condiciones relajadas, con mejores controles sus poderes psi
se desvanecen misteriosamente».

Pero no se rindieron. De 1978 a 1987, el Princeton Engineering
Anomalies Research Laboratory (PEAR) estudió la visión remota
precognitiva. Aquí, el receptor intentaba obtener una imagen de lo que
el emisor iba a ver, esto es, antes de que este escogiera un objetivo. Según
los miembros de PEAR, los experimentos fueron todo un éxito: la

Las hermanas Fox pusieron
de moda el espiritismo en EE. UU.
a mediados del siglo XIX.

probabilidad de que se hubiera dado por azar era de cien mil millones a uno. El problema para aceptar estos cálculos residía en qué se consideraba un acierto. Así, en una ocasión el receptor dijo que se encontraba dentro de un gran bol. El objetivo que se seleccionó más tarde fue un radiotelescopio, el cual, según uno de los parapsicólogos que analizó los datos «se parece a un gran bol». Así que se contabilizó como un acierto: con semejante manga ancha no es extraño que obtuvieran tantos aciertos…

Sin embargo, donde el PEAR se explayó fue con la psicoquinesis. Hicieron millones de pruebas y, a pesar de todo, consiguieron una desviación de tan solo un 1 % por encima de lo esperado por azar. Otro de los mejores estudios científicos sobre la telepatía se realizó en las décadas de 1970 y 1980: los experimentos *ganzfeld* de Charles Honorton, William Braud y Adrian Parker. Los resultados positivos de sus cuarenta y dos experimenos fueron admitidos por los parapsicólogos como prueba de la existencia de la telepatía. Su trabajo se mantiene como uno de los más serios realizados hasta la fecha y sigue siendo una chinita en el cómodo zapato de los escépticos.

También las agencias de inteligencia han explorado lo paranormal. Debemos entender que los Gobiernos está formado por personas cuya preparación es política, no científica, y pueden ser tan crédulos que las personas de la calle. Además, en un mundo donde la información es vital para la supervivencia de una nación, los servicios de inteligencia están en la obligación de comprobar cualquier extremo, aunque a veces caigan en el más absoluto de los ridículos.

Por ejemplo, en el Reino Unido, el Ejército Británico utilizó a más de treinta zahoríes para localizar minas y venas de agua a comienzos de los 1970. Los resultados fueron negativos.

En Estados Unidos, en la década de 1980, la CIA entrenó a psíquicos para que, mirando fotografías de coches soviéticos, contaran lo que pasaba dentro. Aunque lo más extravagante fue que algunos expertos de la Agencia consideraron seriamente ¡pinchar con agujas fotografías de coches para provocarles reventones! Y, por su parte, el Instituto de Investigación del Ejército encargó a la Academia Nacional de Ciencias (NAS) un estudio de todas aquellas técnicas que permitiesen aumentar el rendimiento de sus soldados: poderes psíquicos, visualización, aprendizaje durante el sueño, programación neurolingüística... La evaluación final de los expertos fue que había sido un gran chasco. Igual sucedió con el programa Stargate de la Agencia de Inteligencia para la Defensa (DIA), abandonado por su manifiesta inutilidad tras veinticinco años de trabajo.

En sus 170 años de historia, la parapsicología no ha podido quitarse de encima graves problemas metodológicos y de concepto. Uno de ellos, definido por el psicólogo Ray Hyman, es la falacia del puzle: los fenómenos psi son de naturaleza tan misteriosa y tan poco sujeta a reglas establecidas que cualquier cosa lo suficientemente peculiar se ajusta perfectamente a ellos. En definitiva, todo lo que es inexplicable es paranormal.

# La parapsicología gana la batalla

**Los experimentos sobre telepatía en los años setenta y ochenta pretendían ser científicos, aunque adolecían de sesgos en la evaluación.**

De mediados de la década de 1970 a la de 1980 se realizaron los mejores estudios científicos sobre la telepatía: los experimentos *ganzfeld* («campo homogeneizado» en alemán) de Charles Honorton, William Braud y Adrian Parker. Estos psicólogos partieron del supuesto de que somos más receptivos a lo paranormal cuando soñamos, en estado hipnótico, en aislamiento sensorial y bajo la acción de ciertas drogas. Para ello, el entorno *ganzfeld* era un lugar donde el sujeto pudiera estar

Se creía que bloquear la información visual y auditiva del exterior era el paso previo para la experiencia paranormal.

ARCHIVO TK

relajado y aislado de distracciones. Primero, lo sentaban en un sillón cómodo, le colocaban dos semiesferas traslúcidas blancas en los ojos e iluminaban la estancia con luz blanca para obtener un campo de luz uniforme. Por unos cascos en los oídos, escuchaba un ruido blanco –parecido al de la radio cuando no se sintoniza ninguna emisora– o uno rítmico y relajante, como el de las olas rompiendo en la playa. En esos momentos, tenía que describir todas las imágenes que llegaran a su mente, sin importar lo extrañas o estúpidas que pudieran parecerle. En otra habitación, otra persona, también relajada, intentaba enviar telepáticamente las imágenes de vídeo que veía en un monitor. Si la descripción encajaba con el vídeo, perfecto. El problema es que determinar si era o no un acierto no era tan sencillo, porque las descripciones solían ser vagas o difíciles de interpretar. Por ejemplo, una imagen de la torre de Pisa podría verse telepáticamente como un tronco torcido. ¿Es eso un acierto? Para decidirlo, se debía designar un juez externo, que no conociera cuál era la imagen enviada mentalmente y tratara de identificar la descripción obtenida entre un conjunto de fotos.

Para Honorton, los resultados positivos obtenidos en los cuarenta y dos experimentos realizados probaban la existencia de la telepatía. Sin embargo, el escéptico Ray Hyman encontró «fallas de procedimiento tales como aleatorización inadecuada, seguridad inadecuada, posibilidades de fugas sensoriales y documentación inadecuada».

Así, en 1985, ambos investigadores evaluaron todos los experimentos ganzfeld realizados de 1974 a 1981 mediante la técnica del

SHUTTERSTOCK

Según algunos estudios, los resultados de las pruebas de comunicación extrasensorial no superan el 25 % de aciertos que puede achacarse al mero azar.

metaanálisis, que combina los resultados de numerosos estudios científicos sobre un mismo tema y los somete a un procedimiento estadístico. El análisis de Honorton obtuvo que el 55 % de los experimentos parecían demostrar la existencia de la comunicación extrasensorial. Por su parte, Hyman, introduciendo en el análisis las correcciones oportunas debidas a los errores en el diseño de los experimentos, obtuvo un porcentaje del 32 %, más bajo que Honorton pero superior a lo que deberíamos esperar por azar, un 25 %. Hyman no tuvo más remedio que reconocer que algo más podía estar en juego, más allá de una investigación descuidada. La única forma de resolver el problema era que debían hacerse nuevos experimentos con mejores protocolos.

Durante década y media, se sucedieron los experimentos y, en 1994, el psicólogo Daryl Bem y Honorton publicaron en una revista fuera del circuito parapsicológico, *Psychological Bulletin*, una revisión de todos ellos. Su conclusión fue que el requisito de reproducibilidad no sea había alcanzado, pero esperaban que los hallazgos que en ella se comunicaban fueran «lo suficientemente provocativos como para incitar a otros a intentar replicar el efecto *ganzfeld* psi». El artículo no convenció. En 1999, aparecía en la misma revista una crítica detallada del artículo de Honorton y Bem, firmada por los psicólogos Richard Wiseman y Julie Milton. Después de apuntar ciertos problemas metodológicos en los experimentos realizaron un metanálisis del resto de los estudios *ganzfeld* de otros laboratorios y los resultados no mostraron ningún efecto superior al azar.

Desde entonces, se han sucedido los metanálisis, pero los resultados son dispares: mientras unos –los realizados por parapsicólogos– apuntan a que existe la telepatía, los que realizan los psicólogos escépticos los contradicen. Aunque una cosa es cierta: los experimentos *ganzfeld* son lo más cerca que han estado los parapsicólogos de demostrar que, en realidad, la percepción extrasensorial existe. Y la duda persiste.

# Stargate, el gran experimento

**A lo largo de dos décadas, Estados Unidos se gastó más de treinta y tres millones de dólares en estudiar cómo los poderes paranormales podían jugar de su lado en la carrera por la supremacía mundial.**

En 1995, la Agencia de Inteligencia para la Defensa (DIA) de Estados Unidos revelaba la existencia de un proyecto de alto secreto bajo el nombre clave de Stargate, suspendido y desclasificado ese mismo año. Todo comenzó a principios de los setenta, cuando la CIA financió un programa para ver si la llamada visión remota podía tener interés para sus operaciones.

Ya en 1953, algunos altos cargos de la Agencia Central de Inteligencia querían saber si se podía utilizar el LSD o cualquier otra sustancia para controlar el comportamiento humano. Era el programa MK-Search, que fue cancelado en 1973. Cuando fue desclasificado y sus múltiples informes salieron a la luz, se descubrieron un conjunto de grotescos experimentos. Por ejemplo, un psiquiatra llamado Ewen Cameron recibió una beca para investigar cómo, mediante una terapia de intensos electrochoques e ingesta de LSD, se podía destruir el comportamiento de quienes se sometían a tal tortura.

SHUTTERSTOCK

En 1970, mientras se pensaba que la URSS invertía grandes sumas en investigaciones psicotrónicas, la CIA fundó su propio programa para desarrollar la visión remota o clarividencia.

Y es que los años setenta fueron la época dorada de la parapsicología: muchas instituciones de prestigio habían realizado investigaciones en ese campo, como el Stanford Research Institute (SRI). Allí, bajo el paraguas del programa secreto SCANATE, dos parapsicólogos, el físico Russell Targ y el ingeniero Harold Puthoff, hicieron experimentos sobre visión remota. En una habitación aislada, se colocaba al dotado y se le pedía que se concentrara en la imagen que estaba mirando otra persona en otro lugar, la dibujara o la describiera.

Puthoff había trabajado para la NSA y era miembro de la secta de la Cienciología. Tras un cribado inicial, su trabajo se centró en unos pocos individuos dotados, como el artista de Nueva York Ingo Swann, también cienciólogo, a quienes se entrenó para la guerra psíquica. Según Puthoff y Targ, en las últimas fases del entrenamiento los dotados superaban con creces el 65 % de aciertos.

Esos resultados llamaron la atención del Departamento de Defensa estadounidense. Pero no llegaron lejos. A finales de la década de 1970, la CIA abandonó el programa. Una evaluación externa pedida en 1984 a la Academia Nacional de Ciencias –la organización

SHUTTERSTOCK

Algunos *poderes* podían ser útiles en una guerra,
como la telequinesis o capacidad de mover objetos solo con la mente.

científica más prestigiosa de EE. UU.– concluyó que había tantos errores en los protocolos experimentales que no demostraban nada. A pesar de todo, el programa continuó: la DIA tomó el relevo y, en 1991, lo amplió y le puso el nombre clave de Stargate.

Debía monitorizar lo que otros países hacían en el campo de la guerra psíquica y del espionaje. Otra sección del proyecto, llamada Programa de Operaciones, consistió en mantener en nómina del Gobierno a una serie de psíquicos al servicio de las diferentes agencias gubernamentales. Y su tercer cometido era continuar la investigación de laboratorio llevada a cabo por el SRI en la Science Applications International Corporation (SAIC) de California, a cargo de Edwin May. Aunque las cosas no fueron bien: a principios de la década de 1990, el programa estaba viciado con una mala gestión, sus miembros desmoralizados y divididos. La situación se completaba con un rendimiento deficiente y muy pocos resultados precisos.

La desclasificación de Stargate a principios de 1995 permitió un análisis externo. Sin embargo, debido a la polémica que suscitó, un comité del Senado decidió transferirlo de vuelta a la CIA, que antes de decidir su destino contactó con la organización American Institutes for Research (AIR) para que lo evaluara. «Sería prematuro suponer que tenemos una demostración convincente de los fenómenos paranormales. –Fue la respuesta de AIR–. No hay motivo para seguir financiando la componente operacional de este programa». Es la conclusión del programa de investigación psíquica en que el Gobierno de Estados Unidos se gastó 33 millones de dólares.

# Psicoquinesis universitaria

**El programa PEAR funcionó de 1979 a 2007 en la Universidad de Princeton, una de las más prestigiosas de Estados Unidos. Su objetivo: comprobar si la mente puede controlar una máquina.**

En los años sesenta, el físico de Boeing Helmut Schmidt buscó la forma de medir la micropsicoquinesis o micro-PK. Ya que la psicoquinesis a gran escala –como mover mesas y sillas tal y como hacían los médiums de finales del siglo XIX– había desaparecido, Schmidt pensó que quizá fuera más fácil descubrir que la psicoquinesis existía si se intentaba mover algo a una escala mucho menor. Para ello ideó un generador de números aleatorios, una máquina que escupe ceros y unos al azar. Las leyes de la probabilidad nos dicen que a largo plazo debe aparecer la mitad de cada uno. Así que si se consigue influir sobre el propio generador alterando esta proporción, estaremos ante una prueba de que esta habilidad parapsicológica existe.

Los estudios iniciales de Schmidt fueron retomados por el antiguo decano de Ingeniería de la Universidad de Princeton, Robert Jahn, que en 1979 creó el programa Investigación de Anomalías de Ingeniería de Princeton (PEAR, por sus siglas en inglés), activo hasta 2007. Por primera vez se abría un laboratorio de parapsicología en una de las prestigiosas universidades de EE. UU. Su trabajo se centró en la interacción mente-máquina de Schmidt: ¿podemos modificar el funcionamiento de una máquina solo con concentrarnos?

Allí diseñaron un generador de números aleatorios basado en el efecto túnel cuántico, que conceptualmente equivale a un lanzador de monedas electrónico de alta velocidad. Durante más de doce años, casi cien

UNIVERSIDAD DE PRINCETON

Robert Jahn (1930-2017) dedicó gran parte de su carrera a investigar las posibles interacciones cerebro-máquina.

operadores (así se llamó a los participantes del estudio) estuvieron concentrándose para cambiar el patrón aleatorio del dispositivo. Para confirmar la existencia de la micro-PK hace falta que esa máquina cree una lista de números realmente aleatoria: por ejemplo, hay algoritmos de computador que crean largas secuencias de números que parecen aleatorias pero no lo son, pues a la larga esconden un patrón. Por eso el equipo de PEAR dedicó un gran esfuerzo a diseñar un dispositivo que sí las generara de ese tipo. Además, los operadores no eran personas que decían tener habilidades extraordinarias, sino voluntarios anónimos que no pasaron por una selección previa. La intención de Jahn y sus colaboradores era terminar con uno de los mayores problemas de la investigación en parapsicología: diseñar un experimento fácil de reproducir por otros laboratorios en idénticas condiciones.

Los voluntarios de PEAR acumularon 2,5 millones de intentos de modificar la salida de unos y ceros del dispositivo: fue el experimento con mayor base estadística de la historia. El análisis de los datos generados fue muy complejo, pero para el equipo de Robert Jahn no había duda: salían más unos cuando se pedía a los operadores que forzaran ese número, y más ceros cuando así se les decía; la posibilidad de que el resultado fuera imputable al azar era de quince mil a uno. Por desgracia, y así lo reconocían los propios investigadores, el tamaño del efecto de micro-PK era muy pequeño, del orden del 0,1 %. Esto quiere decir que solo si lanzamos una moneda mil veces veremos salir una cara o una cruz de más. O dicho de otra forma, la micro-PK no es algo evidente: resulta casi imposible de ver, y se necesitan millones de ensayos y acudir a potentes análisis estadísticos para encontrarla.

Esto es lo máximo que ha conseguido el más detallado y cuidadoso experimento que se haya realizado en psicoquinesis: para la mayor parte de la comunidad científica fue un intento loable, pero no un ejemplo de ciencia sólida, entre otras cosas porque el objetivo de los investigadores de diseñar un experimento replicable por otros grupos de especialistas no se consiguió.

# Radiestesia: la fuerza de los zahoríes

**¿Hay individuos capaces de encontrar materiales ocultos y hasta personas desaparecidas gracias a una sensibilidad especial?**

En la II Guerra Mundial, las tropas alemanas usaron péndulos para encontrar pozos de agua en el norte de África. Al acabar el conflicto, un servicio de búsqueda internacional de desaparecidos consultó a radiestesistas para que les ayudaran a localizarlos. En 1986, una avalancha sepultó a 31 soldados de la OTAN que hacían maniobras en Vassdalen (Noruega), y se usó la radiestesia para buscarlos. La empresa farmacéutica Hoffmann-La Roche ha empleado esta técnica desde 1944 para localizar agua antes de construir una planta de producción en el sitio elegido. En 1975, preguntado por la naturaleza poco científica del sistema, un portavoz de la firma respondió: «Usamos métodos rentables, científicos o no. La radiestesia funciona».

Los radiestesistas o zahoríes afirman que pueden localizar personas y materiales ocultos a la vista: agua, oro, petróleo… ¿Cómo? Gracias a su sensibilidad especial e intransferible. En 1986, Hans Dieter Betz, profesor de Física de la Universidad de Múnich, recibió fondos públicos para investigar la radiestesia a gran escala. Durante tres años, llevó a cabo más de diez mil experimentos de doble ciego (ni los individuos ni los investigadores saben quién pertenece al grupo de control y quién al experimental) con medio millar de zahoríes, y seleccionó a los cuarenta y tres que mejores resultados obtuvieron.

Uno de los experimentos consistía en encontrar en un granero de dos pisos objetos colocados en tuberías y que cambiaban de posición en función de lo dictado por un generador de números aleatorios. El reto se repetía diez veces, y hubo casi novecientas pruebas organizadas en series hechas por cuarenta y tres personas. Según Betz, «la tasa de acierto fue decepcionantemente baja». Sin embargo, «en ciertas tareas, unos pocos zahoríes lograron un alto porcentaje de éxito difícil de explicar por el azar». Destacó uno de ellos, Hans Schroter: el investigador calculó que la probabilidad de que sus aciertos fueran por suerte era de 1 entre 1700. El segundo experimento consistió en descubrir fuentes naturales de agua en zonas acotadas de campo. Participaron cuarenta zahoríes en unos tres mil experimentos: se les vendaron los ojos y se tomaron medidas para evitar olores y sensaciones térmicas que les dieran pistas; de nuevo, la tasa de éxito fue baja para ser tomada en cuenta. Pero trece sujetos obtuvieron resultados significativos, y ocho de ellos muy significativos. Según Betz, la probabilidad de que esto hubiera sucedido por casualidad era de 1 contra cien mil. Así

que el físico alemán concluyó que la radiestesia podía «considerarse empíricamente probada».

A Betz se le ha acusado de caer en la falacia de prueba incompleta, el ejemplo más común de sesgo de confirmación: seleccionar los datos que apoyan nuestra hipótesis y descartar los que no lo hacen. En su informe, solo citó a las cuarenta y tres personas seleccionadas de entre quinientas, y luego se quedó con las

Grabado de un zahorí, publicado en el libro *Historia crítica de las supersticiones prácticas*, escrito en 1733 por Jean-Frédéric Bernard.

trece que más acertaban, olvidándose del resto. Si se tienen en cuenta todos los resultados obtenidos con todos los sujetos estudiados, queda claro que la radiestesia es un cuento. Sin embargo, la historia de esta técnica acientífica no ha terminado: en este siglo, varias empresas han comercializado máquinas (las varillas, las ramas y los péndulos ya no venden) que algunos Gobiernos de Sudamérica, Asia y Oriente Medio han pagado a buen precio para detectar drogas, bombas, personas…

# El influjo de la oración

**¿Tienen los rezos la capacidad de mejorar la salud? En las últimas décadas ha habido importantes investigaciones científicas destinadas a averiguarlo, como el proyecto STEP.**

Desde tiempos inmemoriales, los seres humanos hemos rogado a los dioses para salir con bien de los vaivenes de la salud. Pero a mediados del siglo XIX, justamente con el resurgimiento de la creencia en los espíritus y la aparición de sectas religiosas como la Ciencia Cristiana, que confían más en el poder curativo de Dios que en la medicina científica, algunos investigadores empezaron a plantearse si rezar por la curación de una persona funcionaba.

En las últimas décadas del siglo XX, se han hecho una decena de estudios científicos para averiguar si la oración puede sanar: ninguno ha podido demostrarlo. Uno de los más citados lo realizó el cardiólogo Randolph Byrd entre agosto de 1982 y mayo de 1983 con trescientos noventa y tres pacientes de la Unidad de Cuidados Coronarios del Hospital General de San Francisco. El grupo de pacientes se dividió en dos: por uno rezaron de tres a siete intercesores; por el otro, el grupo de control, no rezó nadie. Al final se comparó el estado de salud de los pacientes teniendo en cuenta veintiséis parámetros: en solo seis, los que recibieron las oraciones tuvieron una mejoría de entre el 5 % y el 7 % respecto al grupo de control. Desde un punto de vista estadístico, si solo existen diferencias en seis de veintiséis variables, el resultado no es significativo.

Entre las investigaciones con resultados positivos, la más aireada por los defensores de las plegarias de intercesión fue la publicada en diciembre de 1998 en la revista *Western Journal of Medicine*. Se trataba de un estudio doble ciego –lo que quiere decir que ni los pacientes ni los investigadores sabían quién estaba recibiendo la plegaria– en apariencia impecablemente diseñado. El objetivo inicial era comprobar si la oración podía disminuir el porcentaje de muertes entre enfermos de sida. Como solo uno de los pacientes falleció, el estudio poco podía decir al respecto. Así que para no tirar el experimento a la papelera los investigadores modificaron *ad hoc* el objetivo de su trabajo y en el texto publicado dijeron que su idea había sido medir el efecto de la oración frente a una larga lista de síntomas, en la línea de los estudios de Byrd... sin mencionar en el artículo cuál había sido el motivo real y por qué lo habían cambiado.

Tampoco mencionaron que durante el curso de su prueba de 1998 apareció la medicación que acabaría convirtiéndose en el tratamiento habitual del sida, lo que hizo que se elevara la probabilidad de supervivencia de los enfermos. Y tampoco dijeron que uno de los investigadores sabía qué pacientes eran objeto de plegarias y cuáles pertenecían al grupo de control: no se trataba pues de un experimento doble ciego. Los científicos responsables ocultaron todas estas irregularidades, que solo salieron a la luz en 2002, gracias a las pesquisas del periodista Po Bronson, de la revista *Wired*.

Pocas de estas investigaciones sobre el efecto de la oración han sido metodológicamente impecables. Entre ellas figuran los estudios MANTRA, hechos en 2001 y 2005 con más de ochocientos pacientes con problemas graves de corazón: no se encontró ningún efecto. En 2006 se publicaron los resultados del estudio más riguroso de todos los realizados hasta la fecha: el proyecto STEP. Costó 2,4 millones de dólares, una cantidad aportada en su mayoría por la Fundación John Templeton, que apoya la investigación en religión. Uno de sus directores fue Herbert Benson, cardiólogo y que había estado involucrado en los estudios MANTRA.

Durante diez años se monitorizó a mil ochocientos dos pacientes de seis hospitales; todos acababan de pasar por cirugías de baipás coronario. Se los dividió en tres grupos: el primero recibió las oraciones de intercesión y a sus miembros se les dijo que estaban rezando por ellos; también se oró por los del segundo, pero no se les dijo nada; los del tercero no tuvieron ayuda espiritual. Los orantes fueron miembros de tres instituciones religiosas estadounidenses: el monasterio St. Paul, la Comunidad de Carmelitas Teresianas de Worcester y la Silent Unit,

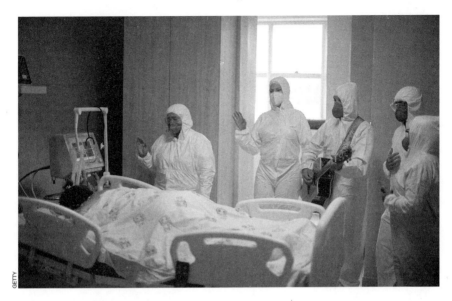

4 de abril de 2021, Domingo de Resurrección. Trabajadores de un hospital de la ciudad brasileña de Belém rezan por uno de los pacientes ingresados en la UCI del centro a causa del coronavirus.

una organización de oración de Kansas City. Se les dieron los nombres de los pacientes-objetivo y las iniciales de sus apellidos.

Los orantes debían rezar según sus propios criterios, pero intercalando en sus palabras la frase «para una cirugía exitosa y una rápida recuperación sin complicaciones». Tras analizar las dificultades aparecidas en los treinta días siguientes a las intervenciones de baipás, los investigadores no encontraron diferencias entre los tres grupos. Eso sí, un mayor número de pacientes del grupo al que no se le dijo que estaban rezando por ellos sufrió problemas mayores, como un ataque al corazón, comparado con el que no recibió ninguna oración de intercesión. Lo más interesante apareció cuando se cruzaron los datos obtenidos con los dos grupos por los que se oraba: en este caso, un número mayor de pacientes del grupo que sabía que estaban rezando por ellos (el 59 %) sufrieron complicaciones posquirúrgicas, comparado con los del grupo que no lo sabían (el 51 %).

La diferencia resulta significativa, aunque los autores del estudio dejaban la puerta abierta a que fuera una mera casualidad. Como afirmaron los directores del proyecto STEP, este resultado plantea importantes reservas sobre si se les debe decir a los pacientes que se está rezando por ellos. Así que si alguna vez se pone enfermo, pida a sus familiares que no le digan que están orando por usted.

# El mundo
# de los psíquicos

U n psíquico es alguien que afirma tener ciertas capacidades especiales, ya sea para ver el futuro, mover objetos con la mente, encontrar desaparecidos, sanar enfermos incurables… Han existido desde siempre y se los ha llamado de muy diversas formas: magos, oráculos, videntes, médiums… Para mantener su prestigio, necesitan que creamos que no nos están engañando. Y a menudo lo hacemos.

Sin embargo, el mundo de los dotados es un campo de minas propenso a los escándalos. ¿Qué hace un investigador al descubrir que aquel a quien creía un poderoso psíquico comete trampas? La respuesta depende de su forma de ver el mundo de lo paranormal: si es escéptico, decide que, al ser revelado el truco, toda la investigación anterior hecha con ese individuo debe ponerse en cuarentena y no se puede esgrimir como prueba.

Pero si de verdad cree en los fenómenos extraños, puede pensar que el psíquico hace trampas a veces solo por no defraudar al investigador o por orgullo, pues es bien conocido que este tipo de poderes no aparecen siempre que se desea (un argumento que resulta demoledor contra esos videntes que abren su consulta todos los días de nueve a seis). Dicho de otra forma: para un escéptico, si no hemos descubierto las trampas es porque no las hemos visto; para el parapsicólogo, es porque no las hay.

Sea como fuere, este conflicto entre escépticos y creyentes nos lleva a una dicotomía de difícil solución, pues los protocolos de investigación se diseñan para impedir el fraude, no para detectarlo. El problema es que en estos casos, y como sucede con los robos, los ladrones expertos siempre encuentran la forma de eludir la alarma. La única diferencia entre cacos y psíquicos está en que los primeros, cuando terminan la faena, dejan un rastro de cómo la han hecho; los segundos, no.

Pero la principal dificultad a la que se enfrenta este tipo de estudios es la misma que la de toda la parapsicología: en más de siglo y medio de investigación paranormal, los especialistas aún no han podido determinar qué mecanismos subyacen a los fenómenos que investigan. Eso convierte el estudio de los dotados en una versión de la filatelia: se coleccionan psíquicos como se coleccionan sellos, pero los parapsicólogos han demostrado ser incapaces de ir más allá.

El planteamiento escéptico también se enfrenta a sus propios demonios, en este caso desde la ética de la investigación científica, pues ¿hasta qué punto es correcto tratar *a priori* al sujeto de un experimento como a un tramposo? Porque implantar protocolos para evitar el fraude significa suponer que, en principio, todo dotado es un mentiroso.

# Leonora Piper, la gran médium

**Fue una de las espiritistas más estudiadas por los escépticos y una mujer inteligente que sabía cómo asombrar a su clientela.**

Si el médium más prominente durante las primeras décadas de la segunda mitad del siglo xix fue Daniel Home, en las finales lo fue Leonora Piper (1857-1950), un ama de casa de Boston. La descubrió en 1885 el psicólogo y filósofo de la Universidad de Harvard William James, al que esta mujer convenció de la existencia de la vida después de la muerte. Aunque propenso a creer en lo inmaterial, James no era un simple crédulo. La médium proporcionó a este intelectual información asombrosamente exacta sobre sus asuntos más personales y familiares, que él no había contado a nadie. Quedó asombrado. Años más tarde escribiría: «Si desea derribar la ley que dice que todos los cuervos son negros, no debe buscar que ningún cuervo lo sea; basta con mostrar un único cuervo blanco. Mi cuervo blanco personal es la señora Piper».

Leonora Piper gozó de una larga vida. Murió en 1950, cuando estaba a 24 días de cumplir 93 años. Y no consta que esté intentando comunicarse desde el más allá.

En 1887 llegó a Boston un joven australiano llamado Richard Hodgson. Su objetivo, poner a prueba los poderes de Leonora. Poco antes había adquirido un gran prestigio al desenmascarar a una fraudulenta médium muy famosa, Madame Blavatsky. Pretendía impedir que Piper pudiera tener acceso a cualquier información sobre las personas que la consultaban. Para ello contrató los servicios de detectives privados que la vigilaron durante algunas semanas, e incluso abrieron su correo personal. No encontraron nada sospechoso, del estilo de informes de colaboradores. Además, esta mujer no tenía unos ingresos de más de mil dólares al año, así que difícilmente podría haber contratado espías.

Hodgson asistió a seis sesiones de Piper, y le sorprendió el aparente desinterés de esta por sus visitantes. Entraban en la habitación cuando ella estaba ya en trance y nunca la vio interrogando a la servidumbre o curioseando en los cajones y mesas de las casas a las que la invitaban. En su primera sesión con ella, Piper le dio información de su familia en Australia que difícilmente podía obtener nadie: no solo nombres de familiares, sino detalles de su niñez, como la habilidad de su primo Fred para jugar a la pídola y las convulsiones que este sufrió antes de morir.

Una de las cosas que convencieron a varios investigadores psíquicos de la honradez de Leonora fue la personalidad de su control, Phinuit (el control es un espíritu que sirve como intermediario entre los médiums y el otro mundo). Si ella era educada y amable, él era lo contrario: grosero y malhablado. Hogdson intentó verificar la

Las sesiones de espiritismo fueron muy populares
desde mediados del siglo XIX hasta bien entrado el XX.

información proporcionada por el propio espíritu sobre sus andanzas en su antigua existencia terrenal, con muy poco éxito. Aunque el ente había nacido y vivido en Francia (según decía a través de Piper), no hablaba ni una palabra de francés, y habiendo sido médico (supuestamente) no sabía de medicina. En 1892 hubo un giro en la investigación. En febrero de ese año murió por una caída George Pellew, un abogado de treinta y dos años amigo de Hodgson interesado en la supervivencia tras la muerte, aunque la consideraba inconcebible. Tiempo atrás había hecho un pacto con Hodgson: si fallecía antes que él y había un más allá, haría todo lo posible por comunicarse. Seis semanas después del accidente apareció un nuevo visitante en los trances de Piper: se hacía llamar George Pellew y hablaba por boca de Phinuit.

Por entonces, Piper había desarrollado su habilidad para la escritura automática: la médium sujeta débilmente el lápiz, y al caer en trance el supuesto espíritu penetra en ella y dirige su mano para contestar las preguntas sobre el papel. En el otoño de 1892, Pellew apareció en catorce sesiones destinadas a probar si era él: impresionaron tanto a Hodgson que en 1898 publicó un informe a favor del espiritismo. Al fin tenía la prueba que buscaba. Pero para la familia de Pellew los aciertos de Leonora no lo eran tanto. Su madre, para quien su hijo era un ser muy inteligente atado a un cuerpo débil, creía que al verse libre de esa cárcel material su intelecto no encontraría límites y no caería en las «monsergas y sandeces» que Piper le hacía decir.

El 20 de octubre de 1901 estalló la bomba: Leonora Piper confesaba al *New York Herald*: «No creo que los espíritus de los muertos hablen a través de mí... Durante estos años de experimentos me han hecho innumerables preguntas sobre mis creencias, algunas de las cuales respondo aquí y ahora: ¿es usted espiritista? No. Nunca me he considerado como tal. ¿Posee alguna prueba convincente de que los espíritus regresen? No puedo decir que la tenga». A los espiritistas en general −y a Hodgson en particular− les sentó como un puñetazo. Cinco días después, el decepcionado investigador declaró al *Boston Advertiser* que quizá los espíritus hubieran controlado a la médium para que dijera aquellas cosas.

# Eusapia Paladino: la inventora del ectoplasma

**Con su extraordinario talento para el engaño y la representación conquistó las mentes de algunos científicos muy prestigiosos.**

Eusapia Maria Paladino nació en un pueblo del sur de Italia en 1854. Su madre falleció en el parto y a los ocho años vio morir a su padre a manos de bandoleros. La recogió su abuela, que la maltrató para acabar abandonándola en la calle. Una familia de la alta burguesía de Nápoles la empleó como niñera. Eusapia era una fierecilla y los intentos de convertirla en una señorita fracasaron. Toda su vida permaneció analfabeta sin importarle gran cosa. De carácter rudo e imprevisible, sus poderes se manifestaron cuando tenía trece años, con los clásicos golpes y movimientos de mesas inexplicables. El primer paso que la convertiría en una célebre médium lo dio de la mano del espiritista Giovanni Damiani, un italiano afincado en Londres que se convirtió en su protector. Como pago, Paladino dirigió diversas sesiones en las que el espíritu visitante era el del pirata John King,

La famosa médium italiana
Eusapia Paladino (1854-1918) en una
fotografía hecha en el año 1910.

el espectro de moda en aquella época: no había médium que se preciara de serlo que no lo hiciera aparecer en sus sesiones.

Nuestra mujer también convenció a otro espiritista llamado Ercole Chiaia, quien pidió al famoso criminalista Cesare Lombroso que la estudiara. Este tardó tres años en ir a una de sus sesiones, pero cuando lo hizo creyó en sus capacidades. Fue el primero de los científicos a los que se ganó: siguieron dos importantes astrónomos –su compatriota Giovanni Schiaparelli y el francés Camille Flammarion– y el médico galo Charles Richet. Los dos primeros creían que los fenómenos producidos por Eusapia se debían a un redireccionamiento de su energía sexual.

Paladino era una de las médiums más incontrolables. Dictaba las condiciones de las sesiones y durante sus trances se agitaba tanto que no había quien la sujetara. Le sobraba astucia: solo así se explica que nadie sospechara de ella, pese a que había estado casada con un ilusionista y a que reconocía que hacía trampas siempre que la dejaban: de todos los médiums que pulularon por el mundo desde 1850 hasta la I Guerra Mundial, a ella es a la que más veces pillaron engañando al personal. En cualquier caso, el apoyo de Lombroso la hizo famosa en Europa.

Tal celebridad creció con las cuatro sesiones que celebró en 1894 en la isla de Roubaud (cerca de la ciudad de Tolón, en el sur Francia), donde Richet tenía una casa de campo. Este médico deseaba dar a la investigación psíquica un vocabulario y una estructura formal que pudiera igualarla con la ciencia ortodoxa. Para ello fundó el Instituto de Metapsíquica (palabra que competiría, y perdería, con la de Parapsicología). El término ectoplasma fue acuñado por él para definir la sustancia de la que estaban hechas las materializaciones creadas por Eusapia Paladino en Roubaud, donde fue puesta a prueba por tres de los grandes investigadores psíquicos de la época: el físico británico Oliver Lodge; el filólogo y presidente de la famosa Sociedad para la Investigación Psíquica, también británico, Frederic W. H. Myers; y el psicólogo polaco Julian Ochorowicz.

Las sesiones empezaban al atardecer, y a medida que oscurecía surgían los prodigios. No hay fotos ni registros de ningún tipo de las mismas. Solo contamos con las declaraciones de los científicos, aparecidas en el informe publicado por Lodge un año después: la mesa levitó, un martillo fantasmal la golpeó, un jarrón lleno de agua flotó y la médium bebió de él ayudada por dos manos casi invisibles; a Richet le cogió una mano espectral mientras sujetaba firmemente las de Eusapia; algo agarró a Myers por la espalda y lo sacudió…

¿Qué pasó de verdad en Roubaud? Según Lodge la luz era suficiente para ver los detalles, y las manos y pies de la médium estaban controlados. Pero no hay motivos para creer que las sesiones transcurriesen de forma distinta a como era habitual en Eusapia, que imponía sus condiciones, entre ellas la iluminación. Fue allí donde apareció por primera vez el ectoplasma, una especie de tercer brazo que agarraba, movía, empujaba y parecía emanar de sus vestidos.

Levitación de una mandolina durante una sesión en la casa del barón alemán Albert von Schrenck-Notzing, celebrada el 13 de marzo de 1903. Eusapia Paladino es la mujer del fondo.

GETTY

¿Fue un engaño? ¿Alucinaban los científicos? Algunos han sugerido que vieron más de lo que ocurrió. El ambiente lo propiciaba: solos en una isla con una médium que se mostraba justo antes de la sesión y luego se esfumaba… Lo cierto es que la investigación no fue objetiva. Los estudiosos eran entusiastas del espiritismo. Del informe de Lodge se deduce no que quisiera creer en los fenómenos, sino que ya creía en ellos y asumía la idea del ectoplasma como la única explicación posible.

# El escocés volador

**¿Levitaba Daniel Dunglas Home asistido por espíritus o era un farsante con talento para montar sofisticadas representaciones?**

En 1855 comenzó la carrera de un joven escocés que pronto se convertiría en el médium más famoso y sorprendente de todos los tiempos: Daniel Dunglas Home (1833-1886). Para los defensores de lo paranormal, su figura constituye el paradigma de la investigación psíquica: es el único de su especie al que jamás se cogió haciendo trampas. Estudiado durante más de veinte años, provocó que uno de los mayores científicos británicos de entonces, el químico William Crookes, se convirtiera en defensor del espiritismo. Capaz de las más prodigiosas proezas psíquicas, su presunto vuelo en una casa de Londres −habría salido por la ventana de un tercer piso para volver a entrar por la de la habitación adyacente− pasó a la historia.

Esta levitación sucedió el 13 de diciembre de 1868 ante tres testigos: lord Adare (íntimo de Home), lord Lindsay y un amigo de estos dos, el capitán Charles Bradstreet Wynne. A Daniel le gustaba preparar de antemano a su público para la maravilla que iba a presenciar. En este suceso, el cuidado en la preparación del clímax, desde la elección de los testigos hasta el lugar y momento oportunos, revelan, más que cualquier otra cosa, el buen hacer artístico de este virtuoso de lo sobrenatural, que tres semanas antes de su exhibición hizo un ensayo en presencia de Adare… en una sala a oscuras. El amigo lo creyó porque tocó los zapatos de Home, situados a cierta altura.

Grabado de una levitación de Home, publicado en el
libro *Los misterios de la ciencia* (1887), de Louis Figuier.

Y llegó el domingo 13 de diciembre. La sesión comenzó bien entrada la noche, y los tres testigos acudieron entregados al juego de
Home. Lord Lindsay, por ejemplo, vio dos espíritus sentados en el
sofá y otros en diferentes lugares, como si se encontraran en una
reunión social. Los asistentes charlaron un rato. Según contó Adare,
Home se levantó de repente y se puso a caminar por la habitación,
que estaba a oscuras: al hacerlo se alargaba y flotaba en el aire −cómo
pudo Adare ver semejante cosa sin luz es un misterio aún mayor que
la levitación−. El médium hablaba en susurros, y les dijo: «No tengáis
miedo y no os mováis». Entonces salió al pasillo. Los amigos escucharon cómo entraba en la habitación de al lado y abría la ventana:

al poco lo vieron aparecer en la ventana de la sala donde estaban ellos. La abrió y caminó con paso tranquilo hacia ellos. «Esta vez habéis sido buenos», les dijo. Se sentó y rio. «¿Por qué te ríes?», le preguntó Wynne. La contestación de Home fue desconcertante: «Pensaba en lo que habría dicho un policía que hubiera estado en la calle y hubiera visto a un hombre volando pegado a la pared». Fin de la actuación.

Hay una segunda versión del suceso, aparecida en el libro *Recuerdos y reminiscencias*, publicado en 1904 por Francis C. Burnand. Según este escritor, Adare le contó una historia diferente: 1) no fue Home quien cambió de habitación, sino los testigos; 2) mientras hablaban sobre espiritismo escucharon un golpeteo en la ventana y vieron a Home frente a ella, sobre la cornisa; y 3) Adare fue entonces a la ventana y la abrió. Es un relato posiblemente más cercano a la realidad. El hecho crucial es que, esa noche, nadie vio levitar a Daniel Home: siendo estrictos, nadie lo vio levitar nunca. Ninguno de los tres testigos lo vio flotando en el exterior. Lo único que vieron fue a Home de pie en la ventana de la habitación. Aceptar el famoso vuelo depende exclusivamente en creer en la palabra del médium y en que no había ninguna forma de pasar de una ventana a otra.

Este caso ha dado lugar a debates encarnizados entre defensores y críticos. El asunto es más que sospechoso. ¿Por qué requerían las levitaciones de Home una total oscuridad? Parece que a los espíritus

que presuntamente lo ayudaban a volar les preocupaba más la iluminación de la habitación que la posibilidad de que un paseante callejero viera flotar a su protegido. ¿Por qué ese montaje tan absurdo del vuelo? ¿No es más fácil abrir la ventana, salir, flotar un poco y volver a la casa? ¿Y por qué ordenó Home a sus amigos que no se levantaran de sus asientos?

Daniel Dunglas Home vestido a la escocesa. Hizo que lo retrataran así en su casa parisina, unos meses antes de su muerte, ocurrida en el verano de 1886.

# Ted Serios, psicofotógrafo

**Esta es la historia de un ascensorista alcohólico de Chicago que, según sus defensores, era capaz de imprimir imágenes en películas fotográficas solo con el poder de su cerebro.**

En el año 1967, un psiquiatra y psicoanalista llamado Jule Eisenbud publicó un peculiar libro: *The World of Ted Serios* (El mundo de Ted Serios). En él describía los increíbles experimentos que había hecho desde mayo de 1964 a junio de 1967 con un antiguo botones y ascensorista de un hotel de Chicago, el tal Serios, casi cincuentón y aficionado al alcohol, y que al parecer era capaz de imprimir sus pensamientos en la película de una cámara fotográfica. El caso fascinó a investigadores de la época del calibre de Thelma Moss, Charles Tart, Gertrude Schmeidler o William Cox, primeros espadas de la parapsicología estadounidense.

Todo parecía muy simple: si alguien le sacaba una foto a Serios, este podía proyectar su pensamiento sobre la película de forma que quedaba impresa en ella una imagen de algo que el prodigioso tipo había visto en el pasado. Incluso el padre de la parapsicología, Joseph Rhine, alabó la habilidad y buen hacer con el que Eisenbud había completado sus experimentos. Serios había descubierto su rara habilidad gracias a uno de sus compañeros de trabajo, George Johannes, que en sus horas libres era hipnólogo aficionado. Este halló en Serios una excelente cobaya para sus estudios, en particular los de algo que lo tenía fascinado, la visión remota, entonces llamada clarividencia viajera.

En esas pruebas, a Johannes se le ocurrió que quizá Serios podía proyectar en una película fotográfica las imágenes que recibía en estado de trance. Pronto descubrió que Ted podía hacerlo sin necesidad de hallarse en un estado alterado de conciencia. Su interés también era material: Johannes buscaba personas con poderes paranormales que pudieran ayudarlo a encontrar el tesoro perdido del pirata Jean Lafitte, activo en el golfo de México a principios del siglo XIX.

La rara capacidad de Serios llegó a oídos de Jule Eisenbud, que propuso al peculiar ascensorista que le dejara investigar su poder. Y no le fue fácil, porque Serios siempre trabajaba en estado de gran embriaguez. Según Eisenbud, durante los tres años que lo estudió, Ted consumió «varios miles de litros de licor y cerveza, ya que beber en exceso resultaba ser una parte habitual del ritual de las fotografías».

El procedimiento era como sigue: el experimentador, en este caso Eisenbud, enfocaba una Polaroid con flash al infinito. Entonces, Serios sostenía delante de la cámara un tubo de unos dos centímetros de ancho hecho a partir del papel negro donde venía empaquetada la película Polaroid que se iba a utilizar en la sesión. Serios sujetaba ese objeto –al que llamaba *gismo*– con el pulgar y el índice, y parecía que le ayudaba a concentrarse, a focalizar la energía psíquica. Entonces Eisenbud apuntaba a su frente, sacaba la foto y...

En la mayoría no se veía nada, pero, de entre todas las que se hicieron, más de cuatrocientas contenían imágenes, generalmente de edificios, algo borrosas o distorsionadas pero a menudo reconocibles. En algunas ocasiones, Eisenbud seleccionaba un objetivo de antemano y metía su imagen en un sobre para ver si Serios podía identificarlo psíquicamente y reproducirlo en una película Polaroid. Aunque hubo algunos de estos ensayos que Eisenbud consideró éxitos (o aciertos), las similitudes no eran demasido claras como para considerarlos así. Ahora bien, y como comentó el parapsicólogo y profesor emérito de Filosofía de la Universidad de Maryland Stephen E. Braude, «no importa si las correspondencias entre las Polaroids y los objetivos ocultos son especialmente claras. El hecho es que las fotos se realizaron en condiciones que parecen descartar claramente el fraude y que, en consecuencia, parecen requerir una explicación paranormal».

Sin embargo, en octubre de 1967 la revista Popular Photography publicó un artículo titulado *An Amazing Weekend with Ted Serios* (Un fin de semana asombroso con Ted Serios). En él, dos fotógrafos e ilusionistas aficionados llamados David B. Eisendrath y Charles Reynolds contaban lo fácil que era construir un pequeño cilindro en uno de cuyos extremos se podía colocar una transparencia de la fotografía escogida, y en el otro una lente para focalizar la imagen. Este aparato, hábilmente escondido en el gismo, usaba la luz del flash rebotada en la camisa o en la cara de Serios, y era suficiente para obtener las fotografías de Eisenbud, que estos dos reporteros reprodujeron en su artículo. Y un detalle más: cuando estos le pidieron que les dejara

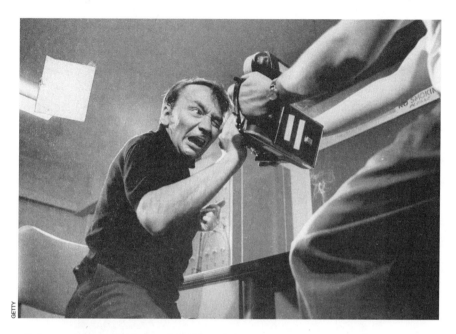

En los experimentos, Ted Serios gritaba desencajado y gesticulaba como un verdadero perturbado.

ver su gismo después de usarlo, Serios se negó y se lo guardó en el bolsillo.

El artículo desmitificador no zanjó el asunto. Hubo ocasiones en las que Serios produjo hasta cincuenta imágenes en una serie de sesenta a ochenta ensayos distintos, lo que le habría obligado a escabullirse de los investigadores para cambiar las transparencias entre prueba y prueba. Según Eisenbud, generó más de treinta y seis imágenes cuando se separó de la cámara de una distancia de solo treinta centímetros a la de veinte metros. A veces, eran los propios experimentadores los que sujetaban el gismo; en otras ocasiones, Serios creó imágenes en condiciones de completa oscuridad y también en películas envueltas en papel opaco y no expuestas.

Pero también contamos con el testimonio de Nile Root, antiguo profesor de la facultad de Ciencias de la Imagen del Instituto de Tecnología de Rochester, que en 1966 acudió a una sesión con Serios y Eisenbud: «La noche en que participé se reunieron siete invitados… Se pidió a cada uno de ellos que llevara al menos cinco rollos de película de Polaroid. Se realizaron decenas de exposiciones en las dos cámaras que trajo el doctor Eisenbud. Serios sostenía lo que él llamaba un *gismo* frente a la lente de la cámara. Gritaba obscenidades,

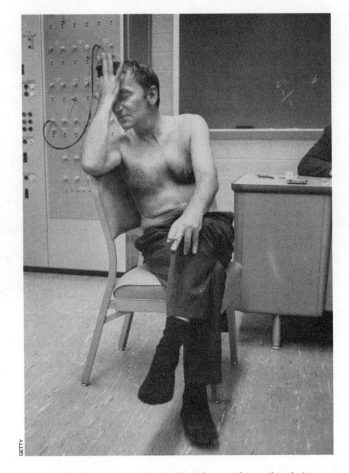

Ted Serios terminaba exhausto las sesiones en las que imprimía
imágenes con la mente en películas fotográficas.

su rostro se deformaba y a veces gritaba «¡Ahora!», que era la señal
para que quien sostenía la cámara disparara el obturador. Durante
esa velada, Ted Serios bebió cada vez más y se puso muy desagradable. Eisenbud lo reprendía, pero no dejaba de suministrarle cerveza.
La noche avanzaba y no surgían las fotografías de sus pensamientos.
Después de cinco largas horas, llegaron tres imágenes extrañas. En
total, con las dos cámaras, produjo seis imágenes borrosas sin relación con el entorno de la habitación. A menudo mostraba el gismo
para que pudiéramos ver que estaba vacío, pero debido a su borra-
chera se descuidó: mientras agitaba los brazos y gritaba, vi un objeto
brillante reflejarse desde el interior del gismo de papel que siempre
sostenía contra la lente de la cámara».

Nadie explicó por qué Serios no lograba producir fotografías de cosas que le pedían que proyectara. En una ocasión, Eisenbud le solicitó una imagen de un submarino nuclear estadounidense que se hundió en abril de 1963, el Thresher. En su lugar proyectó una imagen parecida al transatlántico Queen Elizabeth II. Eisenbud lo explicó alegando que, en latín, el nombre de este navío es Elizabeth Regina, y que si juntamos las dos últimas letras de la primera palabra y las dos primeras de la segunda nos sale «thre». Eisenbud tiró también de su bagaje psicoanalítico: la mar simboliza la madre de la vida, la reina Isabel II del Reino Unido era una figura maternal, y Serios estaba muy unido a su madre, Esther. Si quitamos del nombre de esta mujer la primera «e» y la «t», nos queda sher. Juntando las dos palabras obtenemos «thresher».

En junio de 1967 acabó la colaboración de Serios con Eisenbud: Ted generó una imagen de cortinas y el psiquiatra la tomó por un símbolo del telón que cae. A partir de ese momento, y aunque otros intentaron replicar el trabajo de Eisenbud, el ascensorista creó imágenes con la mente muy raras veces; parecía haber perdido su capacidad. Serios murió en 2006 y todas las fotografías tomadas por Eisenbud están en la sección de Colecciones Especiales de la biblioteca de la Universidad de Maryland.

# Uri, el doblacucharas

**En la década de los años setenta, el ilusionista israelí Uri Geller convenció a medio mundo de que sus poderes mentales le permitían manejar la materia cuándo y como quería.**

En 1974 la prestigiosa revista *Nature* publicó un artículo aparentemente anodino titulado *Transmisión de información en condiciones de blindaje sensorial*. Los autores eran Russell Targ y Harold Puthoff, dos científicos del Laboratorio de Electrónica y Bioingeniería del Stanford Research Institute, una empresa de investigación tecnológica entonces asociada a la Universidad de Stanford. El artículo había estado dando vueltas desde 1972 por diferentes revistas, y todas lo habían rechazado. Hasta que llegó a las manos del editor de *Nature*, el geofísico David Davis, que aceptó publicarlo. Tras un largo proceso de podado de las partes más absurdas, apareció el 18 de octubre. Para guardarse las espaldas, Davis escribió un extenso editorial tratando de justificar lo injustificable. En él calificaba los resultados del estudio de «débiles», «desconcertantemente vagos», «limitados», «defectuosos» e «ingenuos».

¿Si tan malo era por qué lo publicó? Durante seis semanas, Targ y Puthoff probaron dos supuestas habilidades de Geller: la visión remota (recibir información de algo o alguien situado muy lejos) y la psicoquinesis (influir en un objeto sin tener contacto físico con él), pero el artículo solo se refería a los experimentos de visión remota, un tema en el que Targ y Puthoff habían trabajado ya antes (de hecho, fueron ellos quienes acuñaron el término para diferenciarlo de la clarividencia). Con este artículo Uri Geller pasó a formar parte del olimpo psíquico mundial.

Cuatro años antes, Geller era ya muy conocido en Israel. En el verano de 1970 fue a la casa del general más famoso del país, Moshé Dayán, para ayudarle con su mayor (e ilegal) afición: encontrar objetos arqueológicos para adornar su hogar y su jardín. La técnica es simple: te sientas delante de un mapa, te concentras hasta que te llega la imagen de un objeto y señalas en el mapa dónde se halla este. Y es que Geller también es capaz de encontrar lo que se le pida: en 1986 el periódico *Financial Times* contó que la minuta por usar sus poderes era de un millón de libras por trabajo. En aquellos principios de la década de los 70, Geller encandilaba a quienes llenaban los teatros de la zona residencial de Tel Aviv, a los que mostraba sus poderes para doblar cucharas, leer la mente... Las historias sobre este *showman* y sus poderes inundaron la prensa del país y todo el mundo se preguntaba quién era. Le acusaban de ser un mero ilusionista, un mentalista, pero él siempre decía que su capacidad era real.

El gran salto al estrellato le llegó en el otoño de 1970: mientras daba un espectáculo en el teatro Tzavta de Tel Aviv, se puso repentinamente enfermo: según un médico presente en la sala, tenía 160 pulsaciones por minuto. Entonces, Geller hizo una solemne declaración a los presentes: se había sentido tan mal porque un evento histórico iba a suceder o acababa de suceder. Veinte minutos más tarde, Radio Cairo anunciaba que el presidente de Egipto, Gamal Abdel

Érase un hombre a una cuchara doblada pegado: en nuestros días, Uri Geller sigue haciéndose fotos de este estilo a la menor oportunidad, aunque su fama es ya mucho menor que hace unas décadas.

Nasser, había fallecido. A partir de ese momento, la fama de Geller creció como la espuma. En esos días, alguien preguntó a Golda Meir, primera ministra de Israel, qué le esperaba al país en el siguiente año. Según se cuenta, contestó: «No me pregunte a mí; pregunte a Uri Geller».

A nuestro hombre ya solo le quedaba ir a por la fama internacional. Y eso vino de la mano del médico y parapsicólogo estadounidense Andrija Puharich, que en la noche del 17 de agosto de 1971 acudió a verlo actuar al club Zorba, situado en el barrio antiguo de Jaffa, en el sur de Tel Aviv. La intención de Puharich era ver si lo de Uri tenía visos de autenticidad. Su interés surgió porque estaba preparando para la CIA una propuesta para un

En 2013, Uri Geller decoró este Cadillac con cinco mil cucharas de distintos tipos que él decía haber doblado con su mente.

proyecto de investigación sobre los poderes de la mente: gracias a sus contactos en los servicios de inteligencia (había servido varios años como médico en el ejército y había escrito informes sobre la utilidad militar de lo paranormal), sabía que la CIA buscaba personas con esas capacidades.

Tras dos semanas de experimentos, Puharich se convenció de que los poderes de Geller eran reales. Le dijo que no debía desperdiciar su talento en clubes nocturnos, y que debía viajar a Estados Unidos para someterse a pruebas en condiciones de laboratorio. Geller aceptó. Cuando Puharich regresó a su país, terminó su propuesta y se la envió a su contacto en la CIA.

La agencia estadounidense deseaba contar con los servicios de Geller, pero también mantener las distancias con Puharich, del que no tenía buenas referencias. Muchos años después, Kit Green, importante oficial de la CIA en aquellos años, desveló que «la decisión de estudiar a Geller fue tomada por el director de la CIA, Richard Helms… porque me llamó a mí». Los documentos desclasificados en 2017 muestran las pruebas que le hicieron entre el 4 y el 11 de agosto de 1973, con las que los convenció de sus poderes: «Ha quedado demostrada su habilidad paranormal de manera inequívoca y convincente». Curiosamente, ese mismo año fue incapaz de

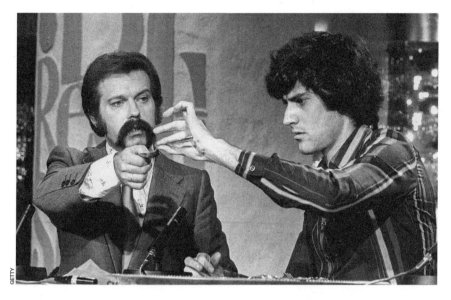

La fama de Geller también llegó a España, gracias a sus apariciones televisivas. Aquí lo vemos en un programa presentado por José María Íñigo en 1975.

doblar una cuchara con la mente en el famoso programa televisivo *The Tonight Show* de Johnny Carson. Quizá porque el propio presentador era un ilusionista aficionado y sabía cómo impedir que hiciera trampa.

Además, siempre hay que recordar que en los servicios de inteligencia no militan ni los más brillantes ni los más listos: recordemos que uno de los proyectos secretos de la CIA consistía en pinchar con alfileres las fotografías de las ruedas de coches de supuestos espías rusos para ver si reventaban gracias a los poderes del vudú... Sus defensores dicen que jamás se ha pillado a Geller cometiendo un fraude, pero el israelí siempre ha sido incapaz de producir ninguno de sus milagros cuando las condiciones de control impedían cualquier manipulación.

Tampoco se necesita una gran destreza para engañar así: los psicólogos B. R. Pamplin y H. Collins publicaron en 1975 en la revista *Nature* un trabajo que sostenía que unos niños podían hacer lo mismo que Geller mediante la paranormal técnica de aprovechar las distracciones de los vigilantes para doblar las cucharas presionándolas contra las mesas y sillas, como quedó registrado en el vídeo que se grababa en secreto durante su experimento. Basta con desviar la atención del observador, de tal forma que no perciba el movimiento tramposo. En ilusionismo, esta técnica recibe el nombre de *misdirection* (desvío).

Las presuntas hazañas psíquicas de Geller no tienen parangón en la historia de la parapsicología: no solo dobla cucharas y señala en un mapa dónde hay cosas ocultas: también se teletransporta donde quiere —lo que ya no explica es por qué viaja en avión—, hace desaparecer la carga de una estilográfica para hacerla aparecer tres días después en su mano, materializa una bola de cristal, hace levitar las camas, convierte un alambre de plomo en oro... La última gran aparición de Geller fue el 22 de marzo de 2019. Ese día, el periódico británico *The Guardian* publicó que Uri había enviado una carta abierta a Theresa May (entonces primera ministra del Reino Unido), en la que le pedía que no permitiera que el país saliera de la Unión Europea: «Por mucho que la admire, la detendré telepáticamente para que no lo consienta; y créame, puedo hacerlo».

# El detective psíquico

**El clarividente Gerard Croiset colaboró durante años con la policía holandesa en la resolución de casos y la búsqueda de desaparecidos.**

El neerlandés Gerard Boekbinder, más conocido como Gerard Croiset, falleció en 1980 a los setenta y un años. Desde la década de los cuarenta hasta su muerte fue un famoso psíquico, vidente y sanador, y muchos investigadores lo estudiaron en condiciones. La documentación de sus hazañas se conserva en el Archivo de Croiset, el conjunto de correspondencia, artículos, recortes de periódicos, cuadernos personales y grabaciones que este hombre guardó a lo largo de su vida. Salvo cuando se sometía a los experimentos que le pedían los parapsicólogos de todo el mundo, quien controlaba a Croiset era el psicólogo Wilhelm Heinrich Carl Tenhaeff, que ocupó de 1953 a 1978 la primera cátedra de Parapsicología que se creó en Europa, en la Universidad de Utrecht.

Croiset empezó como médium y curandero en 1937. Al principio trabajaba gratis, y luego fue aceptando donaciones de sus clientes.

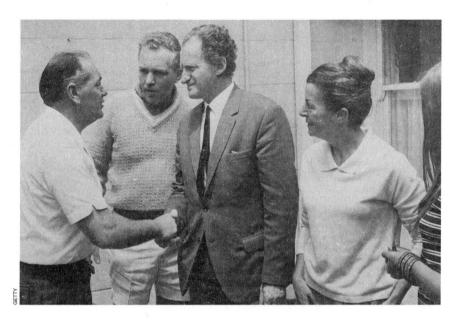

1966: Gerard Croiset (centro) saluda a Jim Beaumont, padre de tres niños desaparecidos en Australia (no se supo más de ellos). La mujer del moño es la madre.

Llegó a recibir entre ochenta y ciento veinte pacientes diarios en su consulta de Utrecht. La fama le llegó en 1964, cuando el periodista estadounidense Jack Harrison Pollack publicó su biografía, basada en los informes que le pasaba Tenhaeff.

La narración que hizo Pollack de setenta casos en los que trabajó Croiset (siempre acompañado de Tenhaeff) era abrumadora, tanto que la policía neerlandesa comenzó a pedir ayuda al psíquico para encontrar desaparecidos y resolver casos difíciles. Entre quienes no se tragaban el cuento estaba el parapsicólogo holandés de origen armenio que descubrió a Croiset, George Avetoom Marterus Zorab, que en 1960 ya no creía en la habilidad de aquel: pensaba que se valía de compinches y dudaba de la integridad intelectual de Tenhaeff. Había más escépticos, como el policía Filippus Brink, que tras estudiar a fondo a cuatro detectives psíquicos que habían trabajado en los Países Bajos concluyó que, «a excepción de alguna adivinación fortuita ocasional, en este país ningún clarividente ha resuelto un caso policial con medios paranormales».

Hay ejemplos de esta incapacidad: en diciembre de 1957 desapareció un niño de catorce años. Los padres consultaron a Croiset, que los condujo a un muelle y les dijo: «Aquí es donde su hijo se

Gerard Croiset, fotografiado el 22 de septiembre de 1976, antes de participar en un programa de la televisión holandesa.

metió en el agua y se ahogó». Pocos días después, el muchacho apareció vivo, oculto en un pajar cercano a su casa. En otro caso, Croiset proporcionó a la policía una descripción física tan precisa de un asesino que pudieron detenerlo: se comprobó que era inocente. Lo mismo ocurrió con el presunto autor de un robo en una fábrica.

Pese a todo, Tenhaeff continuó exagerando los hipotéticos logros de Croiset, es de suponer que con el beneplácito de este. El golpe final al prestigio del clarividente llegó tras su fallecimiento, cuando el periodista holandés e investigador de lo paranormal Piet Hein Hoebens estudió a fondo todo el material relacionado con el psíquico, y habló con los policías y personas envueltos en sus casos. Se topó con un entramado de mentiras construido por Tenhaeff. En 1981, a los pocos días de la muerte de este, su asistente y compañera durante décadas, Nicky Louwerens, quemó sus archivos y correspondencia de cuarenta años.

# Nina y el Ejército Rojo

**Los supuestos poderes paranormales de una mujer rusa aceleraron la Guerra Fría parapsicológica entre soviéticos y estadounidenses.**

El 10 de marzo de 1970, en el Instituto Militar Ukhtomsky de Leningrado, Nina Kulagina, ama de casa tres veces condecorada por sus servicios durante la II Guerra Mundial, usó su mente para detener el corazón de una rana y acelerar el pulso de una persona. La difusión de la filmación de este experimento desató una competición entre las

ARCHIVE COLLECTION

Aquí tenemos a Nina Kulagina moviendo con los poderes de su mente una caja de cerillas
y un salero introducidos en un acuario. Las grabaciones de estos prodigios son de mala calidad
y no permiten observar posibles trucos.

dos grandes superpotencias de la Guerra Fría por el control de los poderes psíquicos.

En la URSS, la parapsicología arrancó con Leonid Vasiliev, un fisiólogo de la Universidad de Leningrado que investigaba si la telepatía era posible. En 1958 publicó *Fenómenos misteriosos de la psique humana*, que al traducirse al inglés a principios de los sesenta se convirtió en libro de cabecera de los parapsicólogos occidentales. Allí escribió: «El descubrimiento de la energía que subyace a la percepción extrasensorial equivaldrá al de la energía atómica». En esos años, soviéticos y estadounidenses empezaron a destinar una buena cantidad de fondos a investigar la percepción extrasensorial. En ese contexto, se hizo famoso el caso de los experimentos hechos a bordo del primer submarino nuclear de la historia, el *USS Nautilus*. La prensa francesa publicó que el 25 de julio de 1958 y durante los dieciséis días siguientes, J. B. Rhine, uno de los más importantes parapsicólogos estadounidenses, se había comunicado con el pensamiento con la nave, mientras esta atravesaba sumergida el Polo Norte. Él se encontraba en unos

ARCHIVE COLLECTION

laboratorios de Maryland. La Armada estadounidense negó los hechos, y todo tenía el tufillo de una operación de desinformación de la CIA, pero la inteligencia soviética mordió el anzuelo y se lanzó a buscar sus armas parapsicológicas.

La posición oficial de la URSS sostenía que la telepatía era acientífica. Pero por si acaso, se siguieron los consejos de Vasiliev («aunque la parapsicología no encaja con la ciencia bien establecida, los materialistas dialécticos no deberían descartarla», escribió en un informe), la única autoridad soviética en percepción extrasensorial. Le montaron un laboratorio en la Universidad de Leningrado y permitieron a otros científicos experimentar sobre la materia.

En medio de esta lucha psi, apareció la filmación de 1970 en la que Ninel Kulagina detiene el corazón de una rana. Nacida en Leningrado en 1926, Ninel movía objetos con la mente (su nombre fue muy popular en su tiempo, pues es Lenin al revés; en Occidente se la rebautizó equivocadamente como Nina y así se quedó). Llevaba siendo estudiada y filmada en Leningrado desde mediados de los sesenta; en grabaciones de mala calidad, se ve cómo mueve cosas metidas en una pecera: cerillas, botes… Algunas de estas filmaciones aparecían en el programa televisivo *Películas de Ciencia*, de los Estudios Leningrado. ¿Un montaje? La CIA dudaba, pero se puso en guardia.

«Es quizá la prueba de psicoquinesis más significativa, y si es cierta, sus aplicaciones militares serían muy importantes», escribió en un informe un oficial del ejército estadounidense. El Departamento de Defensa concluyó que «los militares soviéticos y el KGB demuestran un inusual y desproporcionado interés en la parapsicología», y recomendó que Estados Unidos hiciera más o menos lo mismo. Fue el germen del proyecto Stargate de la CIA.

Nina fue estudiada por los investigadores rusos, sí, pero de forma intermitente. Querían explicar sus poderes, más que aprovecharlos. Por eso no les molestaba que Kulagina impusiera las condiciones de los experimentos. En 1991, el marido de la psíquica publicó el libro *Fenómeno K*, donde cuenta que los científicos apenas la vigilaban, y que cuando había algún mecanismo de control, las capacidades de su esposa desaparecían, porque esa atmósfera escéptica le impedía concentrarse. En 2006, el periódico *Novye Izvestia* entrevistó al neurobiólogo Alexey M. Ivanitsky, uno de los científicos que analizó a Kulagina. Reveló que hallaron hilos de nailon con pequeños nudos en el cinturón de su bata, que podía usar para mover objetos. Cuando se lo dijeron, ella contestó: «Normalmente puedo hacerlo, pero ahora estoy cansada, y si me pides que mueva esa tapa, ¿cómo voy a hacerlo?». Los defensores de Ninel , cómo no, afirman que Ivanitsky mintió.

# El mundo
## de los espíritus

E l 17 de abril de 1854, en el Congreso de Estados Unidos se debatía una petición firmada por quince mil personas en la que se pedía la financiación de una comisión dedicada a investigar el espiritismo. Esta fue parte del intercambio de ideas que los congresistas mantuvieron:

Summer: ¿A qué comité debemos confiar esta investigación?

Weller: Sugiero que sea enviada al Comité de Relaciones Exteriores [risas]; puede que debamos formalizar relaciones diplomáticas con estos espíritus [más risas].

Querámoslo o no, el espiritismo es una religión. De hecho, la doctrina fue sistematizada por el francés Hippolyte Léon Denizard Rivail, más conocido como Allan Kardec, en una serie de obras que comenzaron con *El libro de los espíritus* (1857): «Los espíritus anuncian que los tiempos designados por la providencia para una manifestación universal han llegado ya y que, siendo ministros de Dios y agentes de su voluntad, su misión es la de instruir e ilustrar a los hombres, para abrir una nueva era a la regeneración de la humanidad. Este libro es la recopilación de su enseñanza».

Sin embargo, hay otros muchos que se niegan a aceptarlo, sobre todo los que están influidos por la que se podría llamar la *escuela anglosajona*. Como dignos herederos del experimental Hume, reniegan de

La joven Anne-Marie Schaberl fue sospechosa de provocar
los fenómenos paranormales por su ira reprimida hacia el trabajo.

la *doctrina francesa* —digna heredera de Descartes— y buscan la forma de probar la existencia de ese otro mundo. Pero lo que nadie podía imaginar es que después de ciento cincuenta años de casas encantadas, fantasmas, ectoplasmas... aún nos encontremos como en un principio, y que los enconados esfuerzos por probar su existencia hayan sido del todo inútiles para aportar una prueba medianamente sólida de esos fenómenos.

Por supuesto, siempre van a quedar flecos por explicar, situaciones extrañas que no parecen encontrar su sitio en un mundo ordenado y natural como el nuestro. Pero esto, que es habitual encontrar en cualquier otro ámbito de la actividad humana, los defensores de lo paranormal lo utilizan para agitar la bandera de que nos encontramos ante un fenómeno que trasciende los límites de nuestra realidad. Se trata de un argumento falaz: una hipótesis no se demuestra porque las hipótesis alternativas no expliquen los hechos, sino porque se encuentran pruebas de que es cierta. Y para ello, debe ser consistente y no contradecirse a sí misma. Y esto nunca se ha cumplido en la parapsicología.

# Rosenheim: el *poltergeist* más famoso

**Los extraños fenómenos físicos que tuvieron lugar en un despacho de abogados alemán no tenían explicación dentro de los límites de la realidad. ¿O solo se trató de un fraude bien elaborado?**

El 1 de diciembre de 1967, el parapsicólogo Hans Bender, director y fundador del Instituto de Áreas Fronterizas de la Psicología e Higiene Mental de Friburgo, viajaba a la ciudad alemana de Rosenheim. Su objetivo era estudiar lo que sucedía desde hacía un mes en el bufete de abogados Adam.

Todo comenzó con unos fluorescentes que se apagaban bruscamente. Luego, un fichero muy pesado apareció lejos de donde solía estar, los fusibles automáticos de la red eléctrica saltaban sin razón aparente y el líquido de la fotocopiadora aparecía derramado por

SHUTTERSTOCK

Los fenómenos *poltergeist* engloban cualquier manifestación contraria a las leyes físicas producida por una energía o entidad imperceptible.

el suelo de la habitación. Incluso los teléfonos parecían haber enloquecido: en menos de una hora se realizaron casi sesenta llamadas al mismo número telefónico, el 0119, el servicio automático de la hora.

Bender llegó cuando los fenómenos estaban en su punto álgido. Instaló cámaras y grabadoras, e hizo acudir a dos físicos del Instituto Max Planck, Friedbert Karger y Gerhard Zicha, para que le ayudaran en la investigación. Los cuadros giraban, las luces estallaban y los cajones se abrían, aunque nunca quedó registro fotográfico o sonoro de ello; solo contamos con el testimonio de quienes dijeron haberlo visto.

Bender estaba convencido de que todo tenía que ver con Anne-Marie Schaberl, una joven de diecinueve años que trabajaba en el bufete como auxiliar administrativo. Bender pensaba que se trataba de un caso de lo que él llamaba psicoquinesis espontánea recurrente: Schaberl sufría de muchos trastornos emocionales, odiaba su trabajo como secretaria y también a su patrón, pero reprimía toda esta ira y frustración. En enero de 1968 la joven dejó su empleo en el bufete y todo volvió a la normalidad. Según Bender, deberían haber reaparecido en su nuevo trabajo, pero no fue así.

Rosenheim es uno de los casos más espectaculares de *poltergeist* –palabra de origen alemán que significa «fantasma ruidoso»–, pero

Bender jamás publicó un informe detallado de su investigación, por lo que no hay forma de saber cómo descartó las posibles causas no sobrenaturales. Es más, el periodista belga Piet Hein Hoebens señaló que Bender «omitió de su relato el hecho altamente significativo de que Anne-Marie fue sorprendida cometiendo fraude por un policía». La sospecha de que gran parte de los fenómenos fueron un engaño se disparó en 1969, cuando apareció el libro *Falsos espíritus; tramposos reales,* cuya publicación intentó prohibir judicialmente el abogado propietario del bufete, Sigmund Adam. En él, sus autores relatan cómo en su visita al bufete encontraron diversos indicios que apuntaban a un engaño, como hilos de nailon atados a diversos objetos como una lámpara de péndulo, una tubería de gas o un cuadro en la pared; o una especie de garrote de goma oculto tras un armario con el que se podían generar los supuestos golpes fantasmales. Estos tres investigadores también señalaron que los problemas eléctricos podían haber sido provocados.

Más sospechas de que fue un montaje vinieron del examen de los registros en papel de un medidor de corriente eléctrica que Bender instaló en la oficina. Cada vez que se producía algo en el bufete, la aguja del medidor registraba una fuerte variación. Pero el físico inglés John Taylor –que en los años setenta escribiría un libro apoyando las habilidades psicoquinéticas de Uri Geller– señaló que esas variaciones tenían todo el aspecto de haberse realizado mecánicamente.

# El caso Enfield

**Recientemente popular gracias a una película cuyos protagonistas no jugaron ningún papel en la realidad, este caso tiene menos de paranormal que de bromazo adolescente.**

Es el 30 de agosto de 1977. En Enfield, un barrio obrero del norte de Londres vive Peggy Hodgson, una mujer en la cuarentena y divorciada, junto con sus cuatro hijos. Ese día, en mitad de la noche, la despiertan los gritos de sus hijas Janet (once años) y Margaret (trece años). Cuando llega a la habitación donde duermen, las ve sollozando y Janet le dice que la cama de su hermano Billy

¿Los espíritus la lanzaban por los aires? ¿O Janet, que destacaba como gimnasta, estaba brincando desde su cama?

se estaba «volviendo loca». Peggy cree que todo es una pesadilla; las intenta tranquilizar y se queda con ellas hasta que se vuelven a dormir.

A las nueve y media de la noche del día siguiente regresan los ruidos. Janet dice que vienen de la cómoda que se encuentra junto a la puerta. Entonces Peggy ve cómo se mueve unos centímetros sobre el suelo de linóleo: no hay duda, la casa está encantada. Salen en busca de sus vecinos, los Nottingham. Vic, que es albañil, supone que algo debió hacerse mal cuando se contruyó la casa, y eso provoca que se muevan los muebles. Cuando está dentro de la casa, escucha una serie de ruidos que parecen seguirle allá a donde va.

La noche del 1 de septiembre Peggy llama a la policía. Dos oficiales llegan a la una de la madrugada y, a pesar de que le dicen que no pueden hacer nada porque no se está produciendo ningún crimen, acceden a echar un vistazo. Antes de salir, la agente Caroline Heeps ve cómo una silla de cocina se desplaza por el suelo.

El 4 de septiembre, después de otra noche de ruidos y sucesos extraños, Peggy llama al *Daily Mirror* con la esperanza de que puedan aconsejarle a alguien que les ayude con la situación. El periódico manda al reportero Douglas Bence y al fotógrafo Graham Morris.

Se dan una vuelta por la casa y no ven nada inusual. Cuando a las dos y media de la madrugada acompañan al interior de la casa a la familia Hodgson, una lluvia de canicas y piezas de Lego cae sobre los periodistas, y una golpea en la cabeza a Graham.

El 7 de septiembre llega a la casa el redactor sénior George Fallows acompañado por el fotógrafo David Thorpe, pero nada sucede o, al menos, no hay registro de lo que vieron. Entonces el *Daily Mirror* se pone en contacto con la Society for Psychical Research (SPR), una asociación dedicada a la investigación paranormal fundada a mediados del siglo XIX, en los buenos tiempos del espiritismo. La junta envía a Maurice Grosse, un investigador neófito que había ingresado en la SPR el año anterior debido a que su hija, que también se llamaba Janet, había muerto en un accidente. El 8 de septiembre pasa algo que lo convence de que están ante un *poltergeist*: a la una y cuarto de la madrugada escuchan un fuerte ruido proveniente del cuarto de las niñas. Suben corriendo y ven a las niñas durmiendo plácidamente. Pero entonces una silla situada junto a la cama se vuelca y empieza a moverse como arrastrada por alguien.

El 10 de septiembre, el *poltergeist* de Enfield es portada del *Daily Mirror* y el interés de los medios se dispara. El asunto parecía serio, así que la SPR envía a uno de sus investigadores más veteranos, Guy Lyon Playfair. Se había unido a la SPR en 1973 y era autor de varios libros sobre lo paranormal, un interés que le vino de su madre, quien había sido un miembro destacado de la SPR.

El 12 de septiembre Playfair y Rosalind Morris de la BBC Radio 4 llegan a la casa: ella, para un reportaje; y él, para empezar la investigación junto a Grosse. Los dos pasaron veinticinco noches completas en la casa, además de realizar ciento ochenta visitas a la casa de Green Street. El objetivo de Grosse y Playfair era poder captar cualquier cosa que pudiera demostrar aquello de lo que ya estaban convencidos: que estaban ante un verdadero *poltergeist*.

A lo largo de su estancia en la casa, estos investigadores registraron una serie de eventos inexplicables –aunque no los presenciaron–: juguetes que volaban por la habitación y al recogerlos estaban calientes al tacto, golpes por toda la casa, puertas que se abrían y se cerraban solas, cucharas de metal que aparecían dobladas, charcos de agua donde no había ningún grifo, pequeños incendios, las grabadoras y otros equipos electrónicos dejaban de funcionar...

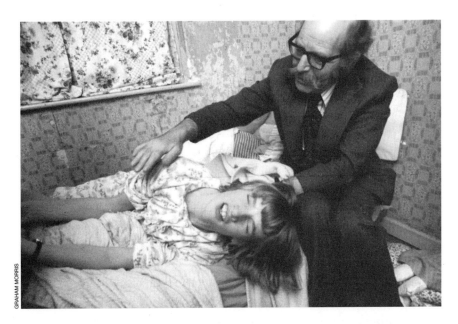

El investigador de lo paranormal Maurice Groose había perdido a una hija solo un año antes. Casualmente, también se llamaba Janet.

El suceso más impresionante sucedió el 10 de diciembre, cuando, tras una serie de silbidos y ladridos, una voz masculina y ronca surgió de la boca de Janet. Curiosamente, esa voz apareció después de que Grosse sugiriese delante de las niñas que sería bueno que la presencia hablara. De hecho, parece que ese ente era bastante complaciente con los deseos de los que allí se congregaban: cuando el fotógrafo Graham Morris dijo a las chicas que los *poltergeist* solían provocar fuego, la misteriosa entidad se volvió pirómana. El supuesto ente se identificó dos días después: «Mi nombre es Bill. Justo antes de morir, me quedé ciego y luego tuve una hemorragia y me quedé dormido y morí en la silla del rincón del piso de abajo». Grosse, Playfair y los Hodgson decidieron hacer pública esta grabación en una radio. No está muy claro por qué, pero al poco tiempo un hombre llamado Terry Wilkins dijo que esa era la voz de su padre muerto: se llamaba Bill y, de hecho, había muerto de esa forma en el 284 de Green Street. Por desgracia, el ente misterioso no volvió a dar ninguna información que permitiera confirmar que era quien decía ser.

La voz que se escucha en las grabaciones es realmente áspera. Según expertos foniatras, se parece a la que se emite usando las llamadas cuerdas vocales falsas o pliegues vestibulares, que se encuentran por encima de las verdaderas y que sirven para protegerlas. No suelen vibrar, aunque cuando lo hacen producen sonidos guturales graves, como hacemos al gruñir. El canto tibetano hace uso de ellas y algunas personas las usan de forma natural y sin pensar —el problema es que un uso excesivo de esta técnica vocal produce disfonía hiperfuncional—. El físico John Hasted, del Birbeck College de Londres, junto con Adrian Fourcin, experto en fonética del University College, llevaron a cabo un experimento en el que replicaron los sonidos que producía Janet.

Otro de los grandes momentos fue cuando una fuerza misteriosa arrojó a Janet por la habitación: una fotografía registró el vuelo, pero, por desgracia, no es una prueba de peso, pues la pose de Janet se parece mucho a la que se tiene cuando uno salta por sus propios medios. Y Janet era una gimnasta aventajada.

Durante dos años, de 1977 a 1979, científicos, periodistas, psíquicos y parapsicólogos de medio mundo acudieron para comprobar con sus propios ojos lo que allí estaba ocurriendo. Incluso los Warren fueron a echar una mano en junio de 1978. Pero, en contra de lo que podemos ver en la película *Expediente Warren: el caso Enfield*, no desempeñaron ningún papel. Es más, según la página web Enfieldhaunting.com, «los Warren fueron despedidos de la casa porque estaba claro que querían ganar dinero con el caso».

Siendo el *poltergeist* más documentado de la historia, resulta exasperante que en todo ese tiempo no se obtuviera ninguna prueba inapelable de que allí se estaba produciendo un *poltergeist* en toda regla. Todo lo contrario, otros investigadores de la SPR que también acudieron a investigar el caso, como el conocido parapsicólogo John Beloff, no quedaron convencidos de que realmente estuvieran ante un suceso paranormal.

Muchos piensan que todo fue una gran broma perpetrada por las dos adolescentes. De hecho, tanto Playfair como Grosse las pillaron en diversas ocasiones doblando cucharas o intentado hacerlo con una barra de hierro. Otro detalle curioso es que, según reconoció Playfair, «la televisión (…) fue casi el único objeto en la casa que nunca fue perturbado de ninguna manera durante todo el caso». Para unas adolescentes de finales de los setenta, la caja tonta era algo fundamental en sus vidas. Evidentemente solo son indicios, no pruebas, pero apuntan a algo poco sobrenatural. Un detalle más: Peggy vivió en la casa hasta su muerte en 2003 y los nuevos inquilinos nunca sintieron que sucediera nada extraño. ¿Qué fue lo que realmente pasó en el 284 de Green Street? Nunca lo sabremos.

# Florence Cook
# y el fantasma de Katie King

**¿Aquella joven que veían los espectadores era realmente el espíritu materializado de la hija de un pirata o solo un burdo engaño?**

Katie King, la supuesta y difunta hija del pirata John King fue el espíritu de moda de los médiums de finales del siglo XIX. Su materialización por parte de la joven Florence Eliza Cook fue considerada como una de las pruebas más decisivas de la existencia del mundo de los espíritus, sobre todo porque involucró a uno de los grandes científicos de la época, William Crookes.

Cook llegó al mundo de los espíritus a los once años, en la primavera de 1870. Sus mentores fueron Herne y Williams, dos truhanes famosos por sus materializaciones fraudulentas del pirata John King y de su hija Katie.

En la primavera de 1873, Florence ya estaba preparada para producir por su cuenta materializaciones completas de Katie King. Estas apariciones se prolongaron durante el verano y el otoño de ese

año. Vestida de blanco, con los brazos y pies desnudos, al comienzo Katie era tímida, pero poco a poco fue adquiriendo el coraje suficiente para hablar y dar la mano a los que allí se congregaban. Pero había un detalle que no se escapaba ni a los espiritistas más convencidos: el asombroso parecido entre la médium y la fantasma.

Deseosa de ver afianzada su reputación, Florence visitó al

El científico William Crookes posa al lado del espíritu materializado de Katie King.

A la izquierda, la médium espiritista británica Florence Cook y, a la derecha, la supuesta materialización del fantasma de Katie King. Muchos creen que ambas eran la misma persona.

científico más famoso de aquella época, el inventor del tubo de rayos catódicos: William Crookes, quien defendía con todas sus fuerzas que Katie era una verdadera materialización, pero no acababa de aportar otra prueba más que su palabra.

El enorme parecido entre ambas era suficiente sospecha para muchos, con el añadido de que hasta ese momento nadie había visto a Florence y a Katie juntas. El espiritista Edward Cox propuso que, para evitar cualquier duda sobre la naturaleza del fantasma, se pintara con tinta la frente de Florence. Crookes se hizo el sueco y tan sencillo método de control jamás se usó. Las reticencias de Crookes a aportar pruebas definitivas dejan en el aire una pregunta difícil de responder: ¿fue Crookes cómplice de Florence? Solo así se explica por qué nunca diseñó procedimientos sencillos para probar que no había fraude, por qué empeñó su palabra en proclamar que no se parecían en nada cuando era evidente todo lo contrario y por qué Crookes, que era un excelente fotógrafo, nunca hizo una fotografía —de las cuarenta y cuatro que tomó— donde aparecieran a la vez las caras de la médium y la fantasma.

Con el paso de los años las sospechas fueron convirtiéndose en casi certezas. En 1922 un hombre llamado Francis G. H. Anderson visitó al director de investigaciones de la Sociedad para la Investigación

Psíquica, E. J. Dingwall. Se creía en el deber de revelar, con total confidencialidad, que había sido amante de Florence Cook. Esta le había confesado que había tenido un lío con William Crookes y que utilizaban las sesiones para verse. En 1960 se produjo una confirmación por otra vía totalmente independiente. La presidenta de la Fundación de Parapsicología de Nueva York y médium retirada Eileen Garrett contó que el novelista Henri Antoine Jules-Bois le reveló algo que turbaba su conciencia algunos años antes de su muerte, sucedida en 1943: cuando era un joven escritor en Inglaterra fue amante de Florence. Ella le confesó que en 1874 lo había sido de William Crookes y que usaban las sesiones para verse sin levantar sospechas.

# Las caras de Bélmez

**Un simple caso de pareidolia dio lugar a uno de los misterios paranormales más destacados de nuestro país y acabó por convertirse en un lucrativo reclamo turístico.**

Todo comenzó un caluroso día de verano en un pueblecito de dos mil quinientos habitantes de la provincia de Jaén. En la noche del 23 de agosto de 1971, María Gómez Cámara preparaba, como todos los días, la cena en su fogón de leña. Y entonces, al dirigir distraídamente la mirada al suelo de hormigón, la vio: una mancha que parecía un rostro humano. Que una mancha en el suelo nos parezca una cara, una nube o un conejo es la consecuencia de que nuestro cerebro reconozca formas en patrones aleatorios: es lo que se conoce como pareidolia.

Según contaron los protagonistas de la historia —María y su marido Juan Pereira—, todo el pueblo y parte de los vecinos de los municipios más próximos se acercaban a ver la cara del fogón. Debió de ser un sinvivir, porque a los pocos días uno de los hijos, Miguel, agarró un pico y la destruyó, para luego recubrirla con cemento. No sirvió de nada: el 9 de noviembre apareció otra en el mismo lugar: es la cara más famosa de todas, la Pava, que hoy se conserva protegida en una vitrina incrustada en la pared.

En aquellos días todos veían lo que se ve siempre en estos casos: manifestaciones religiosas de iconos de la zona. De la primera cara —de la

ARCHIVO TK

A las caras de Bélmez se les dio todo tipo de interpretaciones religiosas y sobrenaturales.
Cada cual puede ver en una mancha lo que prefiera.

que no se conserva ninguna fotografía– la familia dijo que se asemejaba al Santo Rostro de la Catedral de Jaén y que la segunda «era similar al Señor de la Vida, imagen que se halla resguardada en una iglesia situada a espaldas del domicilio de los Pereira», explicaba un artículo de *ABC*.

El revuelo se fue extendiendo hasta que, tres semanas más tarde, surgió en la prensa la primera noticia de las caras, en el *Ideal* de Granada: «Un rostro que aparece y desaparece en un fogón». Pero el bombazo informativo estalló cuando la historia llegó a oídos de Emilio Romero, director del periódico *Pueblo*: el 31 de enero de 1972 se publicó el primero de tres artículos, titulado *En este pueblo está pasando algo*.

El asunto comenzó a decaer cuando Romero recibió una llamada del ministro en la que le indicaba que todo ese circo debía acabar.

A finales de febrero *Pueblo* da un golpe de timón y dice que las caras habían sido pintadas, y señala a dos culpables: el fotógrafo Miguel Rodríguez –que se repartía a medias con la familia la venta de fotos– y su hijo Jesús Miguel, que era pintor. Aparentemente, un análisis hecho sobre muestras tomadas de una de las caras reveló la presencia de nitrato de plata y cloruro sódico. Evidentemente, a los habitantes de Bélmez no les sentó nada bien, pues se les iba por el desagüe su nuevo invento, el turismo paranormal. La continua peregrinación de curiosos que llegaban desde todos los rincones de España era increíble: en el momento más álgido, Bélmez recibía 40 000 personas a la semana.

Años después se produce una nueva vuelta de tuerca: el Ayuntamiento consigue más de medio millón de euros de los fondos FEDER de la Unión Europea para construir un Centro de Interpretación de las Caras. El objetivo es mantener viva la historia y asegurar que sigan yendo turistas al pueblo. Y justo en ese momento empiezan a aparecer nuevas caras. Quien recoge el testigo es un parapsicólogo aficionado llamado Pedro Amorós, que llevaba desde mediados de 1990 intentando hacerse un nombre en esta historia. Y lo consiguió, pues fue el responsable de investigar las nuevas caras que habían aparecido... en otra casa cercana.

Las caras de Bélmez es un caso paradigmático de cómo se construye un misterio a partir de una anécdota, y el Centro de Interpretación que levantó la alcaldía de este pueblo jienense (con un coste de ochocientos cincuenta mil euros), uno de los mayores monumentos a la credulidad humana.

# El duende de Zaragoza

**En 1934, una misteriosa voz masculina surgió de las entrañas de una cocina zaragozana. ¿Pertenecía a una criatura inhumana? ¿O tenía un origen mucho más prosaico?**

A finales de noviembre de 1934 los zaragozanos tenían un único tema de conversación y muchos acudían a las puertas de un edificio soportando temperaturas casi bajo cero con la esperanza de ser testigos del extraordinario fenómeno. Era tal la expectación que en diferentes ocasiones tuvo que intervenir la fuerza pública para disol-

Esta era la hornilla a través de la cual se comunicaba la voz de un misterioso duende.

ver esas aglomeraciones. Todo debido a un titular del periódico *La Voz de Aragón* del 22 de noviembre: «Parece folletín, pero es realidad. El fantasma de la hornilla, en la calle Gascón de Gotor. ¿Se trata de un duende?».

Allí vivía la familia Palazón, «un matrimonio joven con niños de corta edad y una hermana del marido». El día anterior, el marido, Antonio, había acudido a poner una denuncia a la policía porque desde hacía una semana se escuchaba «una voz lejana y quejumbrosa que sale del fogón de la cocina como si fuera el altavoz de un aparato de radio». A tenor de lo que se contó en los periódicos de la época, la voz era muy consciente de lo que sucedía en la casa: cuando un arquitecto ordenó a un albañil que midiera el diámetro de la tubería del agua la voz replicó: «¡Quince centímetros!».

El «duende» era muy castizo e increpaba a los presentes con frases como: «Cobardes, ¿para qué tanta gente y tantos guardias?». También se dirigió a un policía, que al mandar a la sirvienta en busca de astillas para el fuego como pretexto de hacerla salir de la cocina, le espetó: «¿Para qué buscar astillas si hay gas?».

El *Heraldo de Aragón* describió la voz como varonil, y decía que se expresaba con asombrosa claridad y perfecta dicción. Parecía localizarse en el hornillo de la cocina, que no era un espacio muy grande:

en una de las paredes estaba la fregadera y la cocina económica, y se comunicaba con una galería acristalada que daba al patio de luces.

A raíz de la denuncia intervino la policía. El juez de instrucción encargado del caso, Pablo de Pablos, ordenó a dos médicos forenses que examinaran a la joven criada de la familia, Pascuala Alcober, de dieciséis años, pues el duende aparecía cuando ella se encontraba en la cocina. Los forenses señalaron que su inteligencia era un poco infantil, debido a la escasa instrucción recibida, y además era hiperexcitable.

Durante el registro del inmueble y los conductos, la policía descubre un detalle esencial: todas las cocinas del edificio están comunicadas entre sí y lo que se dice en una de ellas se puede escuchar en las otras. Así, el 27 de noviembre un policía pronunció unas palabras en la cocina del piso contiguo y Pascuala rápidamente dijo: «Ya está aquí otra vez el duende».

El juez municipal, Luis Fernando Oliván, tras realizar una serie de pruebas para verificar sus sospechas acerca de Pascuala, concluye: «De las diligencias que he realizado se desprende la evidencia de que la voz es debida a un fenómeno psíquico que únicamente se produce en las mismas condiciones en que se produjeron la primera vez. Si no se da alguna de ellas, el fenómeno no se produce». De manera oficiosa se afirma que es la criada, de manera inconsciente, la responsable de las voces. A la luz de todo esto, y sin ver indicio de delito, el 5 de diciembre las autoridades dejaron de intervenir en el asunto y el duende se disolvió en las arenas del tiempo.

# Amityville

**Un libro y varias adaptaciones cinematográficas convirtieron un cruel asesinato múltiple en un caso paranormal repleto de detalles espeluznantes que calaron en el imaginario colectivo.**

En marzo de 2021 moría en un hospital de Albany (Nueva York) Ronald DeFeo, a la edad de 69 años. Había sido trasladado allí desde una prisión en las montañas Catskill, donde cumplía condena por el asesinato de sus padres y sus hermanos en la madrugada del 13 de

El número 112 de Ocean Avenue pasó a ser el 108 para proteger a sus inquilinos de la morbosa curiosidad de los visitantes.

noviembre de 1974. El lugar, el número 112 de Ocean Avenue, en Amityville (Nueva York). Para los fans de las películas de terror, se trata de la casa encantada a la que más veces se ha recurrido en la historia del cine.

Durante el juicio, celebrado el 14 de octubre de 1975, el abogado de DeFeo, William Weber, alegó locura mientras Ronald no dejaba de decir que mató a su familia en defensa propia porque escuchó voces en su cabeza exigiendo que lo hiciera.

Este asesinato múltiple se hubiera quedado en los libros dedicados a crímenes especialmente horrendos si no hubiera sido porque en 1977 se publicó el libro de Jay Anson, *The Amityville Horror*. En él contaba los extraordinarios sucesos acaecidos a la familia que compró la casa de los DeFeo en diciembre de 1975, los Lutz: Kathy y George Lutz —ambos ya fallecidos— y sus tres hijos: Daniel, Christopher y Melissa. El terror que pasaron fue tal que tuvieron que abandonarla un mes más tarde. Lo que contaba el libro era realmente espeluznante: habitaciones donde la temperatura descendía bruscamente, ojos rojos observando a través de las ventanas, plagas de moscas, puertas y ventanas abriéndose solas, o la extraña costumbre de George, que se despertaba casi todas las noches a las

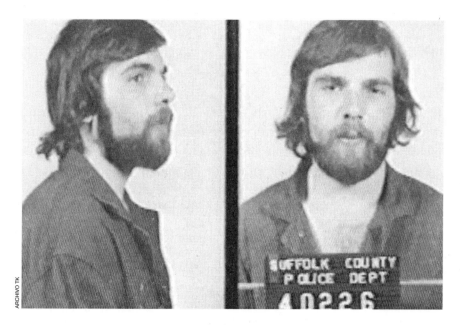

ARCHIVO TK

Armado con un rifle Marlin del calibre .35, Ronald DeFeo asesinó a sus padres y a sus cuatro hermanos, de 18, 13, 12 y 9 años.

3:15, la hora a la que supuestamente DeFeo había cometido los crímenes. Pero lo más terrorífico era una tenebrosa entidad –bautizada como Jodie por la hija pequeña de la familia, Missy– que pululaba por la casa y el jardín con ojos rojos y cuerpo de cerdo.

Enfrentados a semejantes sucesos, los Lutz, ayudados por la periodista Laura DiDio del canal de televisión Channel 5, se pusieron en contacto con los cazafantasmas más famosos de entonces, el matrimonio compuesto por Ed y Lorraine Warren, de quienes se ha dicho que son los que mejor han sabido hacer caja con el miedo al demonio. Un demonio que, curiosamente, siempre actuaba en su Nueva Inglaterra natal.

La investigación de los Warren se realizó en la noche del 6 de marzo de 1976. Llamaron a varias videntes amigas suyas para que les dijeran qué percibían en aquella casa. Una de ellas, Mary Pascarella, vio «un grupo de figuras que decían el "Padre Nuestro" al revés»; otra, Alberta Riley, localizó el origen del mal: «Está arriba en el dormitorio. Lo que hay aquí hace que tu corazón se acelere». Los Warren ya no necesitaban nada más: había una presencia demoníaca en esa casa.

Así que George y Kathy dejaron la propiedad el 30 de agosto de 1976. Después de que los Lutz se mudaran, los investigadores Karlis Osis y Alex Tanous, de la American Society for Psychical Research, y Jerry Solfvin y Keith Harary, de la Psychical Research Foundation, investigaron la historia y llegaron a la conclusión de que no había nada de paranormal en ella. Además, los nuevos propietarios de la casa, James y Barbara Cromarty, que la compraron en marzo de 1977, negaron que sucediera nada extraño. Quizá el mejor resumen del «horror de Amityville» lo dio James Cromarty años después: «Nunca sucedió nada extraño, excepto por la gente que acudía por haber leído el libro o visto la película».

# Posesión en Vallecas

**En los años noventa, el popular barrio madrileño fue escenario de uno de los casos paranormales más conocidos, llamativos y aterradores que han tenido lugar en nuestro país.**

Estamos ante lo que podríamos llamar el Amityville español. La historia, tal y como se cuenta, comienza en 1990 en la habitación de un hospital de Madrid, donde agoniza el padre de Concepción Gutiérrez. Allí, un abuelo que odiaba a su familia susurró al oído de su nieta adolescente Estefanía: «Si no puedo hacerte daño en esta vida, lo haré en la próxima».

Pero la vida sigue y, unos meses después, el novio de una de las amigas de Estefanía murió en un accidente de motocicleta. Entonces sus colegas decidieron contactar con él usando lo que durante décadas ha sido el juego sobrenatural de moda entre los adolescentes, la güija. No se les ocurrió mejor lugar para hacer la sesión que el colegio, y pasó lo que tenía que pasar: que les pillaron. Una profesora rompió el tablero y en ese momento un misterioso humo negro salió del vaso y fue a parar a los pulmones de Estefanía.

Tras el incidente, la salud de Estefanía comenzó a deteriorarse: sufría terribles convulsiones y echaba espuma por la boca, experimentaba visiones aterradoras en las que, según le contó a su madre, la acechaban oscuras criaturas. En una ocasión, la joven atacó con violencia a su familia y luego se desmayó. Cuando recobró la consciencia no recordaba nada de lo que había pasado.

Con su madre recorrieron diversos hospitales, y aunque algunos de los síntomas sugerían que padecía epilepsia, ningún médico pudo ofrecer un diagnóstico definitivo. Estefanía fue empeorando y, en agosto de 1991, dijo que las figuras oscuras que había estado viendo la invitaban a acercarse. A los pocos días, moría de asfixia pulmonar.

Los problemas no habían hecho más que empezar: la casa familiar en la calle Luis Marín, en Vallecas, se iba a convertir en un hervidero de actividad paranormal. A los pocos días de su muerte, la familia escuchó golpes en el dormitorio de Estefanía. Al abrir la puerta, la madre descubrió que todos los objetos de la habitación estaban esparcidos. La noche siguiente se escuchó la risa de un anciano en el pasillo.

Pasaban los días y los sucesos extraños se multiplicaban: voces sin sentido provenientes del baño, fluctuaciones de temperatura inexplicables… Un día el padre de Estefanía, Máximo, jugando con su hijo, Maximiliano, vio cómo una fuerza invisible levantaba al pequeño y lo arrojaba al otro lado de la habitación.

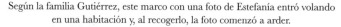

Según la familia Gutiérrez, este marco con una foto de Estefanía entró volando en una habitación y, al recogerlo, la foto comenzó a arder.

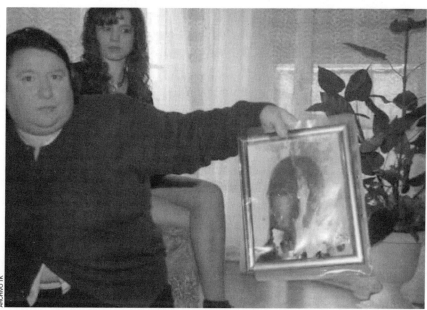

ARCHIVO TK

SONY PICTURES

La película *Verónica* (2017), del director Paco Plaza, está inspirada en el caso de la posesión de Vallecas.

Otra noche, cuando la familia estaba en la sala de estar, la puerta se abrió de repente y empezaron a escuchar fuertes golpes en las paredes. Aterrados, la cerraron y la atrancaron con un sofá. Pero nada podía frenar a aquella misteriosa presencia: una fuerte ráfaga de viento abrió la puerta, arrastrando los muebles y a la familia. Un marco con una fotografía de Estefanía entró volando en la habitación. Cuando Concepción lo recogió, la foto comenzó a arder. Por las noches veían figuras arrastrándose alrededor de las camas y muebles. Incluso la pequeña Marianela, hermana de Estefanía, dijo haber visto una figura oscura arrastrándose hacia ellos.

A las dos de la madrugada del 27 de noviembre de 1992, más de un año después de la muerte de Estefanía, la situación alcanzó el clímax. Máximo llamó a la policía y dijo que su casa estaba encantada y que su familia estaba en peligro; todos los crucifijos de la casa estaban girando con violencia y había una figura oscura y sombría al final de su pasillo. El nivel de angustia era tal que el inspector jefe José Pedro Negri acudió con otros policías. Cuando llegaron, vieron a toda la familia sentada en la acera de la calle.

Los Gutiérrez vendieron la casa a una familia sudamericana y desde entonces, como suele pasar en este tipo de situaciones, los nuevos inquilinos no han sufrido ningún percance paranormal.

El caso Vallecas necesita ponerse en contexto: estamos a comienzos de los noventa, cuando España vivió una explosión de grupos de aficionados a lo paranormal que editaban fanzines, donde publicaban sus reflexiones e investigaciones. Era una edad de oro de lo paranormal, y las televisiones convocaban a críticos y crédulos para discutir sobre estos temas.

Lejos del circo que se montó a su alrededor, algunas personalidades del entorno de la investigación paranormal española también se interesaron por el caso, como Fernando Jiménez del Oso, pero a ninguno de ellos le pareció que algo paranormal estuviera pasando allí. Aunque hubo otros que, negando la presencia de entidades sobrenaturales, opinaron que Estefanía liberó una gran cantidad de energía psíquica con la que impregnó la casa y que fue absorbida −a falta de una palabra mejor− por su madre, que hizo de motor para que continuaran los fenómenos.

Pero hay algo a lo que no se suele prestar atención: quien contó a investigadores y medios de comunicación lo de la sesión de güija de Estefanía, las palabras que le susurró su abuelo en el lecho de muerte, los supuestos fenómenos sucedidos en la casa... fue Concepción, la madre. Su testimonio es lo único en lo que se asienta este caso.

# ÁNGELES Y DEMONIOS

Según explica el sacerdote y demonólogo José Antonio Fortea, los teólogos dogmáticos católicos creen que hubo un momento en el cielo en que «los ángeles debían pasar una prueba en la que tenían que demostrar su amor a Dios», pero fallaron y se rebelaron contra él. La rebelión derivó en odio y al final hubo la clásica batalla entre buenos y malos. Era una contienda intelectual, porque los ángeles son espíritus y no pueden blandir espadas ni tirar bombas. Los buenos argumentaban a favor de la fidelidad a Dios y los malos para defender la insurrección. Esta conversación de miles de millones de ángeles se saldó con bajas en una y otra facción. Una vez que cada cual se decantó por un bando, la partida quedó en tablas. Desde entonces, unos y otros se disputan un suculento premio, el destino de la humanidad. Para llevarse el gato al agua, hacen lo que mejor saben: los demonios recurren a posesiones, y los ángeles, a milagros.

Curiosamente la llegada de Jesús a la Tierra no dirimió a su favor esta guerra. ¿Por qué? Porque faltaba el anticristo, una figura que aparece en la carta de san Juan a los tesalonicenses y por supuesto en el apocalipsis, base de toda la imaginería popular y hollywoodiense sobre el fin del mundo. Para entender su origen debemos remontarnos a las ideas del judaísmo sobre el final de los tiempos, donde se

Fagmento del Códice Pray, manuscrito húngaro medieval donde supuestamente aparece representado el sudario.

esperaba el ataque definitivo de los paganos contra Yavé y su pueblo. Así aparece en Ezequiel, en Daniel y en los escritores apocalípticos del siglo II a. C. Es la famosa «cuarta bestia» de Daniel, que la describe como el príncipe de los tiempos finales, obligada referencia cristiana al anticristo. En realidad, el profeta Daniel se refería al rey sirio Antíoco IV Epífanes, que causó enormes sufrimientos al pueblo judío justo en el momento en que la creencia en un fin del mundo próximo era muy popular. Ante semejante panorama Daniel decidió darle esperanzas augurando un final inminente. Pero la historia no suele ajustarse a los deseos de los hombres de fe y la visión del profeta se convirtió en profecía: faltaba por llegar el definitivo enemigo de Dios, el tirano último.

Los primeros cristianos la mezclaron con su propia escatología, según la cual Cristo regresaría en toda su majestad para anunciar el fin del mundo, juicio final incluido. Consecuencia: el adversario de Dios se convirtió en el enemigo de Cristo y una vez que se impuso la creencia de que ese enemigo era Satán resultó obvio que el anticristo debía ser obra suya, siguiendo la senda profética de Daniel. Todo para que la soberbia película *La profecía* pudiera realizarse. ¿Posesiones y milagros? Esa es la imaginería sobrenatural más potente que conocemos.

# ¿La fotografía de Cristo?

**Durante mucho tiempo se la consideró una invención de los chinos, pero otra civilización se les adelantó casi mil años.**

En 1898 se mostró el Sudario de Turín con motivo de la boda de Victor Manuel III, y el abogado Secondo Pia obtuvo permiso para hacerle dos fotos. Al revelar el negativo encontró que la imagen era más nítida que la original, ya que empleó un tiempo de exposición largo (veinte minutos). Además, usó placas ortocromáticas, que admitían poca variación de grises, lo que da una mayor definición. Con eso bastó para que empezara a hablarse de que la tela mortuoria era como un negativo fotográfico que servía para demostrar la resurrección de Jesús y proclamar la superioridad del cristianismo sobre las otras religiones.

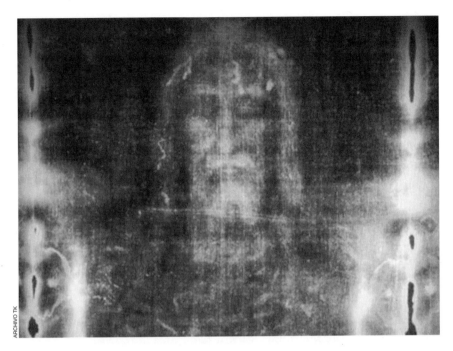

Negativo de la Sábana Santa, que según algunos católicos muestra la cara de Jesucristo grabada en la tela que se guarda en la Capilla Guarini de Turín.

Pero no hay ninguna referencia al famoso lienzo hasta 1389. Los sindonólogos (sus estudiosos) han intentado apelar a diferentes leyendas para trazar una línea histórica plausible, pero sin éxito. Tampoco han podido justificar la discrepancia con el Nuevo Testamento, en particular con el evangelio de Juan en el que se habla de varias telas que envolvían el cuerpo y de una que cubría la cabeza. Ninguno de los textos del cristianismo primitivo mencionan la Sábana Santa, algo extraño entonces. Que no exista ni la más mínima referencia en una época en que hubiera sido una munición perfecta para acallar muchas críticas dice mucho en contra de su existencia.

De hecho, el primer documento históricamente constatado sobre la Sábana Santa dice que es falsa. Se trata de un informe enviado al papa Clemente VII por Pierre d'Arcis, obispo de Troyes: «El dean de cierta colegiata, la de Lirey, falsa y engañosamente se procuró para su iglesia cierto lienzo hábilmente pintado en él». Su antecesor en el cargo, Henri de Poitiers, ya había descubierto y denunciado el fraude.

A principios del siglo XX, el canónigo Ulysse Chevalier llevó a cabo una investigación en base a documentos originales conservados en la Biblioteca Nacional de París y en el Vaticano. Su conclusión es que el Sudario de Turín fue como las demás sábanas que aparecieron en la Edad Media: un objeto hecho para ser el centro de una peregrinación, presentado con una leyenda que justifica su valor. Pero los sindonólogos olvidan la historia y dirigen su artillería a tratar de demostrar que el lienzo es del siglo I. Para ello dicen que la sarga de la Sábana Santa es similar a otras análogas muy antiguas. Pero no existe ninguna prueba de que en la antigüedad hubiera tejidos de ese tipo y con las dimensiones del Sudario. También usaron análisis de pólenes, pero sin resultado fehaciente.

La única datación válida es la que hicieron en 1988 con la técnica del carbono-14 tres laboratorios (Arizona, Oxford y Zurich) que examinaron un trozo de la tela del sudario y otro trozo de una tela conocida. El resultado, publicado en *Nature* fue claro: la sábana es, con una probabilidad del 95 %, de entre 1353 y 1384. Casualmente, según Pierre D'Arcis, su antecesor Henri de Poitiers, el que destapó el fraude, fue obispo de Troyes entre 1354 y 1370. ¿Coincidencia?

Para esquivar este revés, los defensores de la causa de la Sábana Santa han propuesto diversas hipótesis. Una es la de la contaminación: los laboratorios no eliminaron los compuestos orgánicos y por tanto falsearon la datación. Pero un simple cálculo muestra que para cambiar en catorce siglos la fecha se necesitarían 18 kilos de suciedad y el lienzo pesa 9. Sin embargo, los sabanólogos insisten: que si contaminación por humo, que si las muestras se tomaron de una tela que se usó para reparar el sudario en la Edad Media, no del original; que si durante la resurrección el cuerpo de Jesús emitió neutrones lentos que cambiaron la proporción de C-14... Eso sí, ninguno aporta un análisis cuantitativo.

Es verdad que se pueden hacer dataciones incorrectas, ¿pero cuál es la probabilidad de que fallen los tres laboratorios y además coincidan en las fechas? ¿Es posible que los tres dataran mal la Sábana Santa pero bien la tela de control? Independientemente de cuál sea su naturaleza o de cómo se imprimiera la imagen (sobre lo que hay múltiples hipótesis), la Sábana Santa es un ejemplo de que la ciencia no es una empresa objetiva, desapasionada y fría. Como toda actividad humana, depende de las motivaciones de los científicos, más aún cuando se trata de justificar sus creencias más profundas, sean cuales sean.

# Asesino por encargo de Satán

**El juicio de Arne Cheyenne Johnson, conocido como el caso de «el diablo me mandó hacerlo», fue el primero en Estados Unidos en el que la defensa alegó posesión demoníaca para exculpar al acusado.**

Nadie en el pueblo de Brookfield (Connecticut) podía imaginar que aquel frío 16 de febrero de 1981 se iba a marcar a fuego en su memoria. Con apenas trece mil habitantes, era una comunidad tan tranquila que no había conocido el significado de la palabra asesinato en sus ciento noventa y tres años de historia. Pero ese día uno de sus vecinos, Arne Cheyenne Johnson, de diecinueve años, asestó varias puñaladas en el pecho a su casero, Alan Bono, de cuarenta,

Ficha policial de Arne Cheyenne Johnson, que tenía diecinueve años cuando mató a puñaladas a su casero, supuestamente porque el demonio se lo ordenó.

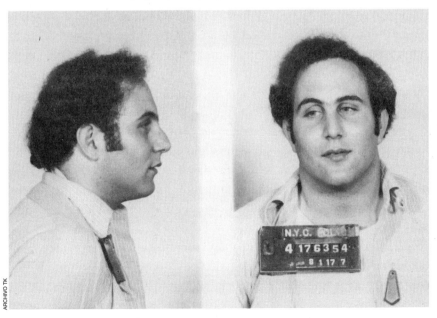

ARCHIVO TK

hasta matarlo. Previamente, Johnson había llamado a la empresa de mantenimiento Wright Tree Service en la que trabajaba para decir que le dolía mucho la garganta y que no iría a la oficina. Su novia, Debbie Glatzel, se preparaba para ir a su empleo en una tienda de mascotas donde trabajaba como peluquera canina. Wanda, la hermana de Cheyenne, junto con su hermana Janice, de trece años, y su prima Mary, de nueve, decidieron acompañarla. Cheyenne también se apuntó.

Alan Bono, que también era gerente de la tienda, estaba allí. A mediodía invitó a comer a todos en el Mug 'N' Munch, un bar situado en un centro comercial. Bono bebió mucho vino, como solía hacer. Después del almuerzo, volvieron a la tienda. La tarde pasó sin pena ni gloria y en cierto momento Debbie se llevó a las chicas a comprar unas pizzas. «Daos prisa», les dijo. Wanda le preguntó por qué. «Habrá problemas», contestó.

Cuando volvieron, Bono les dijo que subieran a su apartamento, que estaba en la planta de arriba. Puso la televisión a todo volumen y empezó a golpear el puño contra la palma de su mano una y otra vez. Entonces Debbie dijo que se iban y cuando bajaban las escaleras Bono sujetó a Mary. Debbie fue corriendo a liberarla y Bono la soltó. Cheyenne, que había ido a buscar el coche, llegó a tiempo de ver el incidente y se encaró con su casero. «De repente, se volvió loco», explicó Wanda Johnson a *The Washington Post*. Las niñas corrieron hacia el coche. Debbie se colocó entre los dos hombres intentando parar la situación mientras que Wanda se aferraba a su hermano, «pero no podía con él». Wanda escuchó a Cheyenne gruñir como un animal. Luego vio un destello brillante. Lo siguiente que vio fue a su hermano caminando hacia el bosque y a Bono de pie por un instante antes de caer de bruces a causa de las puñaladas que Cheyenne le asestó con el puñal de doce centímetros que siempre llevaba encima. Una de ellas discurría desde el estómago hasta el corazón. La policía encontró a Johnson a tres kilómetros del lugar y lo internaron en el Correccional de Bridgeport. Se fijó una fianza de ciento veinticinco mil dólares.

El caso se convirtió en un circo mediático cuando el abogado defensor, Martin Minnella, alegó culpabilidad por posesión demoníaca. Era la primera vez que eso sucedía en la jurisprudencia estadounidense, pero Minnella citó dos precedentes en Gran Bretaña.

EL MAL AMA LA INOCENCIA.

EL
CONJURO

BASADA EN LOS ARCHIVOS REALES DE LOS WARREN

PRÓXIMAMENTE

ARCHIVO TK

La serie de películas *El conjuro* recrea diversos episodios de posesiones demoníacas, como la de Arne Cheyenne Johnson.

Luego apareció el matrimonio formado por Ed y Lorraine Warren, autocalificados de monólogos, que habían saltado a la fama con la casa encantada de Amityville. El día siguiente al asesinato, Lorraine llamó a la policía para decirles que sin duda Johnson estaba poseído.

Martin Minella estaba seguro de que el juez aceptaría su línea de defensa –«si un hombre está poseído por demonios, no es responsable de sus actos»– y de que podía sacar partido económico de la situación: «Todo el mundo tiene curiosidad por el caso. Los grandes estudios están interesados. Por supuesto, no hablaré con ellos hasta que termine el juicio», dijo a la prensa.

¿De verdad creía que Johnson estaba poseído por Satán? Tenemos que retroceder a mayo de 1980, cuando Johnson se mudó a la casa de la familia de Debbie, donde la felicidad no iba a durar mucho. Un mes más tarde, el hermano pequeño de Debbie, David, un niño obeso de doce años, empezó a decir que un demonio le estaba atormentando. Según los Warren, que monopolizaron la historia en los medios de comunicación, el chico veía a un anciano de piel áspera y rojiza que le decía: «Ten cuidado». Esa noche lo volvió a ver, pero esta vez con la piel quemada y negra, y con patas de ciervo.

La madre, Judy, aficionada como Debbie a lo sobrenatural, creyó a su hijo a pies juntillas. Pidieron ayuda a una parroquia católica cercana, St. Joseph, para que bendijeran su casa. Pero la situación no hacía más que emperorar. David se despertaba repentinamente gruñendo, hablaba con voces extrañas y recitaba pasajes de la Biblia. Desesperados, llamaron al matrimonio Warren en busca de ayuda. Lorraine, que era vidente, en cuanto llegó observó «una forma negra y brumosa junto a David, lo que me hizo pensar que

ARCHIVO TK

Los Warren.

nos enfrentábamos a algo de naturaleza muy negativa. Estamos sentados en un barril de pólvora».

Los fenómenos que los Warren relataron a los medios de comunicación son propios de una película de terror: un dinosaurio de juguete que camina por su propia voluntad, platos que levitan y mecedoras que vuelan por los aires. Incluso el diablo en persona llamó a la hermana de David por teléfono y le advirtió que tuviera cuidado. Debbie declaró que había visto el rostro de la Bestia: «Un rostro con dientes afilados y ojos negros como el carbón, tenía cuernos y orejas puntiagudas».

De sus pesquisas paranormales los Warren llegaron a la conclusión de que en el cuerpo de David habitaban 43 pequeños demonios y dos diablos. Durante el verano se celebró una misa en la casa para ayudar a la atribulada familia. Los Warren querían que se llevara a cabo un exorcismo formal, pero el obispo de Bridgeport se negó, así que se conformaron con hacer lo que llamaron «exorcismos menores». David se quejaba de que le ahogaban y golpeaban manos invisibles, y una serie marcas rojas le aparecían espontáneamente en el cuerpo. Además, pateaba y golpeaba a su madre y llegó a perseguir a su abuela con un cuchillo.

En octubre de 1980, Ed Warren llamó a la policía de Brookfield para advertirles de lo peligrosa que era la situación. «David hacía numerosas referencias a asesinatos y apuñalamientos», afirmó Lorraine. Durante esos exorcismos David levitó, dejó de respirar y recitó los nombres de los cuarenta y tres demonios que lo poseían, pero no pudieron expulsar a ninguno. Días después Arne Cheyenne Johnson tuvo un accidente de coche y dijo que un demonio había cogido el control del vehículo, lo sacó de la carretera y lo estrelló contra un árbol. Salió ileso, pero trastornado. Durante una de las crisis de David, Johnson retó a los demonios a que le poseyeran a él y dejaran en paz al niño.

Según contaron los demonólogos en una entrevista emitida en la serie de TV sobre posesiones y fantasmas *A Haunting*, todo había empezado en un pozo situado en la misma propiedad. Contra las advertencias de los Warren, después del accidente, Johnson se asomó y vio al demonio en el fondo del pozo. Según explicó, esa fue la última vez que estuvo completamente lúcido hasta después de cometer el asesinato. Y Debbie dijo que el día que mató a Bono, oyó dos voces que salían de la boca de su novio al mismo tiempo.

El juicio empezó el 28 de octubre de 1981. Minnella presentó una declaración de no culpabilidad en virtud de posesión demoníaca, pero el juez Robert Callahan la rechazó, alegando que no había forma de probarla y que sería poco científico permitir testimonios en esa línea. Entonces la defensa cambió a defensa propia. Los miembros del jurado deliberaron durante tres días y después condenaron a Johnson por homicidio en primer grado. Fue sentenciado a entre diez y veinte años de prisión, pero salió de la cárcel por buena conducta tras cumplir cinco. Estando en prisión se casó con Debbie.

Mientras, los Warren hicieron lo que siempre hacían en estos casos: contratar a alguien para que escribiera un libro sobre sus aventuras. Se tituló *El diablo en Connecticut*, y aparecen como autores Gerald Brittle y Lorraine Warren. En 2006, cuando se reeditó el libro, el hermano mayor de David, Carl Glatzel, de cuarenta y dos años, demandó a Brittle y a Lorraine porque habían explotado la enfermedad mental de su hermano. Según Carl, en el libro le describen como un villano porque «sabía que la historia era falsa desde el principio». Al parecer, el asunto se resolvió fuera de los tribunales, pues no hay constancia de sentencia alguna.

Lo cierto es que hay muchas pruebas de que los libros de los Warren eran de todo menos un recuento fiel de los hechos. Un día

Ray Garton, el escritor al que contrataron en 1992 para escribir *In a Dark Place* (que Hollywood convirtió en la película *Exorcismo en Connecticut,* en 2009) decidió hablar. Garton, que es autor de más de sesenta novelas de terror, contó que cuando entrevistó a la familia que creía estar siendo acosada por espíritus y demonios vio que sus relatos no cuadraban y se contradecían entre sí. Cuando trasladó sus dudas a Ed Warren, este le respondió: «Todas las personas que vienen a nosotros están locas. Usted coja lo que pueda, invente y meta miedo. Para eso le hemos contratado».

El golpe de gracia llegó con la franquicia *El conjuro*, la serie de películas que lleva a la pantalla los casos de los Warren. A principios de 2017 Brittle demandó por novecientos millones de dólares a la productora Warner Bros porque decía poseer los derechos exclusivos de las historias de Ed y Lorraine Warren, que se las cedieron en 1980 cuando escribía un libro sobre sus andanzas, *The Demonologist*. La respuesta de la productora fue totalmente sensata: usted no puede tener los derechos sobre unas historias que son hechos reales. La respuesta de Brittle no se hizo esperar: esas historias no pueden ser «hechos reales» porque en ellas aparecen fantasmas, y los fantasmas no son reales. Esto dejaba la pelota en el tejado de la Warner: para no pagarle los novecientos millones, la productora tendría que demostrar que los fantasmas son reales. Al final, se llegó a un acuerdo amistoso. Tengamos esto en cuenta cuando veamos la película sobre el caso de Arne Cheyenne Johnson.

# Apariciones en Zeitoun

**Un suburbio de El Cairo fue el escenario de una supuesta aparición de la Virgen en 1968, que produjo un gran impacto entre los cristianos ortodoxos coptos de Egipto.**

En 1920, Khalil Ibrahim, un rico cristiano copto de Egipto, pensaba construir un edificio en un terreno de su propiedad en Zeitoun, un suburbio situado a 15 km de El Cairo. Entonces se le apareció en sueños la Virgen María y le pidió que se olvidara de sus planes y que levantara en su lugar una iglesia, que fue erigida finalmente en 1924.

Así veían los fieles coptos la parte superior de la Iglesia de Nuestra Señora de Zeitoun en las noches de las apariciones.

Años más tarde, el 2 de abril de 1968, apenas diez meses después del final de la guerra de los Seis Días que supuso la derrota de Egipto a manos de Israel y un duro golpe a la moral de todo el mundo árabe, trabajaba frente a la iglesia un grupo de obreros musulmanes. Uno de ellos, Farouk Atwa, de 31 años, vio a una dama vestida de blanco luminoso en lo alto de la cúpula. Atwa pensó que intentaba suicidarse y le gritó que no se tirara. La mujer ni se inmutó. Llamaron a la policía y la gente del barrio se fue agolpando frente a la iglesia. Alguien dijo que la imagen se parecía a la Virgen María y el rumor corrió como la pólvora. Supuestamente, el fenómeno se repitió más o menos una vez por semana durante tres años y miles de personas abarrotaban las calles cercanas todas las noches. Finalmente, el Gobierno acordonó la iglesia y decidió cobrar entrada.

Un equipo de sacerdotes enviados por el Papa copto Cirilo VI estudió el asunto y declaró que, efectivamente, la «santísima Virgen María, Madre de la Luz», se aparecía de noche. Por su parte, Cynthia Nelson, antropóloga de la Universidad Americana de El Cairo y directora del Instituto de Estudios de Género visitó el lugar y entrevistó a los testigos. Ella misma vio en varias ocasiones destellos de luz intermitentes. Cada vez que aparecían la multitud vitoreaba. Para Nelson, se trataba de «una ilusión causada por luz reflejada, aunque la fuente lumínica era un misterio, porque las de la calle habían estado desconectadas durante varios días. [...] Una mujer que había a mi lado estaba convencida de que era la Virgen, lo que revela que lo que ve el ojo es consecuencia de motivaciones intelectuales, emocionales e ideológicas». Nelson también señalaba que varias profecías locales antiguas decían que la Virgen María se aparecería un día en Zeitoun. Era un milagro esperado.

Poco a poco, el caso se disparó y la gente veía cada vez más cosas. Francis Johnston, en su libro *Zeitoun (1968-1971): When Millions Saw Mary*, afirma que el fenómeno solía venir precedido «por luces misteriosas que parpadeaban y centelleaban sobre la iglesia. Un testigo las describió como una lluvia de diamantes hechos de luz. Después aparecían palomas luminosas volando sobre el templo y finalmente una luz cegadora envolvía el techo de la iglesia y, a medida que disminuía, tomaba la forma brillante de Nuestra Señora con una larga túnica blanca». Después del decreto del Pope Cirilo, la frecuencia de las visitas marianas fue bajando y desde 1971 ya no hubo más. En total hubo casi cien apariciones presenciadas por un cuarto de millón de personas.

Es fácil asociar el sentimiento generalizado de derrota tras la Guerra de los Seis Días y las apariciones. De hecho, la primera tuvo lugar tres días después del Manifiesto del 30 de marzo del presidente Nasser. El único intento por explicar el origen de las luces vino de la mano de John Derr y Michael Persinger, neuropsicólogos expertos en la relación del comportamiento humano con los fenómenos geofísicos. En 1989 propusieron como causa el estrés tectónico, que produce las llamadas luces de terremoto, un fenómeno sobre el que existen muchas dudas y del que se desconoce casi todo, pues es poco frecuente. Además, el posible seísmo asociado a las luces de Zeitoun sucedió a cuatrocientos kilómetros de distancia. Por otro lado, la poca consistencia de esta hipótesis queda de manifiesto cuando comprobamos que publicaron su hipótesis en *Perceptual and Motor Skills*, una revista de psicología y no de geofísica. Si bien las apariciones responden a los estándares de un episodio de histeria colectiva, sigue siendo un misterio el origen de la luz que se vio sobre la Iglesia de la Virgen del Olivo.

# Las brujas de Salem

**El extremismo religioso de los puritanos colonos de Nueva Inglaterra desencadenó uno de los procesos por brujería y satanismo más sonados de la historia.**

El año 1692 fue catastrófico para las colonias americanas de Nueva Inglaterra. Los altos impuestos, el duro invierno, los ataques

Momento en que los magistrados examinan en Salem el comportamiento de unas supuestas brujas.

piratas a los comerciantes y la viruela causaron estragos. Para aquellos hombres y mujeres educados en el rígido mundo puritano, la culpa era del demonio, que hizo de las suyas en el pueblo de Salem (Massachusetts).

Allí, varias jovencitas se reunían a escuchar las fantásticas historias que les contaba Tituba, la esclava del reverendo Samuel Parris. Las más jóvenes e impresionables del grupo, Elisabeth, hija del reverendo, de nueve años, y Abigail Williams, su sobrina, de once, empezaron a sufrir convulsiones. Sus ataques histéricos y sollozos, insoportables para la mente de un severo cura, inspiraron a chicas de más edad. Ann Putnam, Elisabeth Hubbard, Mary Walcott, Mary Warren, Elisabeth Proctor, Mercy Lewis, Susan Sheldon y Elisabeth Booth, «las ocho perras brujas», como las llamó un acusado durante el juicio por brujería al que fueron sometidas, empezaron también a sufrir ataques. Decían que unos espectros las atormentaban y convirtieron en chivos expiatorios a las personas que más antipatías despertaban en la comunidad. Los jueces, convencidos de que el demonio andaba por medio, se valieron de los testimonios de las chicas y acusaban a todos los que ellas señalaban como brujos.

Treinta y una personas en Massachusetts fueron procesadas y condenadas a muerte. De ellas diecinueve fueron ahorcadas, dos murieron en prisión, una murió por traumatismo, dos lograron posponer la ejecución alegando estar embarazadas y al final consiguieron el indulto, otra escapó de la cárcel, y cinco confesaron y salvaron su vida. La pobre esclava Tituba fue encarcelada a perpetuidad sin juicio. La principal instigadora, Ann Putnam, declaró: «Lo hice todo sin querer, engañada por Satanás».

Para los cristianos, el diablo es la personificación del mal, el enemigo de Dios. Ninguna otra religión posee algo parecido, y esto es un problema para los teólogos. Si Dios es el creador de todo, también ha tenido que crear al diablo. ¿Y por qué Dios no lo aniquila? Según el sacerdote y demonólogo español José A. Fortea, se debe a que Dios «ha dispuesto que haya una guerra entre el bien y el mal para que los hombres puedan decidirse por un camino o por otro». En suma: la teología moderna ha aparcado a Satán en un rincón incapaz de dar respuesta coherente al problema.

En el judaísmo la situación es peculiar. En los libros sagrados hebreos, Satán nunca aparece como líder de un imperio del mal que declara la guerra a Dios y a la humanidad. Es mencionado por primera vez en una visión de Zacarías, pero en un sentido profano (satán en hebreo significa «adversario»). Este término se repite en varias veces con la acepción de enemigo humano. Su función se vislumbra claramente en Job, citado no como el opuesto a Yavé, sino como un servidor obediente. Si hay algún sitio donde Satán es una simple y anodina comparsa, ese es el Antiguo Testamento.

Pero con la irrupción del helenismo a partir del 300 a. C. los demonios se hacen importantes. Por entonces todo el mundo quería saber cuál era su origen y aparecieron fábulas en torno al tema del pecado y caída de los ángeles. Pero es en el libro extracanónico V*ida de Adán y Eva* (s. I a. C.) donde encontramos la explicación. Hecho a imagen y semejanza de Dios, Adán iba a ser más glorioso que los propios ángeles y por eso Dios les pidió que lo veneraran como imagen y semejanza divinas. Miguel y los suyos obedecieron pero Satán y sus partidarios se negaron y fueron expulsados del cielo. Como el Maligno no podía vivir viendo feliz a Adán en el Paraíso, lleno de envidia y rabia le indujo a desobedecer a Dios engañando a la mujer para que compartiera su destino. Esta leyenda permitió a la teología cristiana establecer una conexión entre el demonio y el pecado original. También el Corán recoge esta fábula para explicar el origen de su demonio, Iblis.

Quien sentó las bases de la satanología cristiana fue el autor (o autores) del evangelio de Juan, de sus cartas y del apocalipsis. Es él quien lo nombra señor del mundo y causante de todas las acciones malas. Fue la llegada del Hijo de Dios lo que quebrantó este dominio diabólico. Este es el origen de nuestro demonio: las leyendas judías del siglo I a. C.

Pero volviendo a la Norteamérica del siglo XVII, la locura que se desató en Salem vino influida por el proceso por brujería mejor documentado de Inglaterra, el de Bury St. Edmunds en 1662. Sobre todo en cómo lo condujo uno de los juristas ingleses más prestigiosos de mediados del siglo XVII, el juez del Tribunal Supremo Matthew Hale. Educado en el más estricto puritanismo, su parte más oscura la encontramos en este juicio: Hale no castigó el perjurio, omitió la recapitulación de las pruebas y encauzó al jurado hacia donde él quiso, pues creía firmemente en las brujas. En el proceso aceptó las pruebas presentadas por niños de cinco a siete años, por un cazador profesional de brujas y admitió las pruebas espectrales de un testigo (esto es, que alguien diga que el espectro del acusado se dedica a atormentarle). Hacia el final, uno de los jueces auxiliares, llamado Keeling, descubrió que los niños habían mentido. Hale hizo caso omiso de ello y envió a la horca a dos ancianas. Si la fe no hubiera ofuscado su razón, quizá el horror de Salem no hubiera sucedido.

# El cojo de Calanda

**En el siglo XVII a Miguel Pellicer, la Virgen del Pilar le restauró una pierna que le había sido amputada tras un accidente. Un milagro poco creíble ocurrido en plena época de la picaresca.**

En Calanda (Teruel) nació en 1617 Miguel Juan Pellicer Blasco, el segundo de ocho hijos de una familia humilde, de los que solo sobrevivieron él y una hermana. De joven se marchó a trabajar con un tío suyo a Castellón, que es donde empieza esta historia, tal como la refirió el arzobispo de Zaragoza, Pedro Apaolaza Ramírez, en 1641:

«Contaba Miguel Juan Pellicer diecinueve años cuando, trabajando en Castellón de la Plana, cayó de un carro cargado de trigo que conducía, y una rueda le aplastó la pierna derecha. Pasó cinco días en el Hospital de Valencia y pidió ser llevado al Hospital de Nuestra Señora de Gracia en Zaragoza. Por este incidente, fue necesario amputarle dicha pierna, dos dedos más abajo de la rodilla, lo que hizo D. Juan Estanga. La pierna fue enterrada por el practicante Juan Lorenzo García». Estanga, familiar del Santo Oficio de la Inquisición en Aragón y cirujano del Hospital de Nuestra Señora de Gracia, había intentado salvar la extremidad, pero al final decidió cortarla para salvarle la vida.

Con la pierna sustituida por una de palo, Miguel Juan se dedicó a la mendicidad y fue uno de los pedigüeños más populares de las puertas de la Basílica del Pilar. Si conseguía dinero, dormía en el Mesón de las Tablas, y si no, en la calle. Al cabo de dos años volvió a Calanda a casa de sus padres. Fue una decisión difícil, pues se había marchado del hogar sin su bendición. Para ayudar a su familia, mendigaba por los pueblos de los alrededores y de vez en cuando colaboraba con su hermana en alguna faena del campo, como hizo el 29 de marzo de 1640, Jueves Santo. Ese día, cuando regresó a casa vio que habían llegado al pueblo dos compañías de caballería y era obligación de los habitantes darles cobijo. En casa de los Pellicer se presentaron unos vecinos y uno de los soldados, al que alojaron en el cuarto de Miguel. Este mostró a todos el muñón y les dejó tocarlo, luego dijo que le dolía la pierna y que se retiraba a descansar. Se quitó la de palo y se acomodó a los pies de la cama de sus padres. Al entrar, la madre vio que su hijo tenía las dos piernas. Los Pellicer, asombrados, avisaron a los vecinos y el milagro se difundió por Calanda. Miguel cuenta que en esos momentos soñaba que estaba en el Pilar y que había sido un milagro de la Virgen.

La noticia se propagó como la pólvora por Zaragoza, donde el 8 de mayo el ayuntamiento pidió a la Iglesia que declarase el milagro. El 5 de junio se inició el proceso eclesiástico presidido por el arzobispo en el que se cito a veinticinco testigos: personal del hospital, familiares, vecinos, gente que lo vio con la pierna amputada y con la restituida… El 27 de abril de 1641 el arzobispo firmó la sentencia: «Declaramos que a Miguel Juan Pellicer, natural de Calanda, le ha sido restituida milagrosamente su pierna derecha, que antes la habían cortado». A Miguel le costó volver a caminar bien, pues la nueva extremidad tenía las mismas marcas que la amputada: un grano mal curado, el mordisco de un perro…

En cuanto al milagro… En el acta del proceso no figura que se viera cómo le cortaban la pierna. Estanga realmente no estuvo en la operación. Ese día amputaron una pierna a un paciente del hospital, pero ni el mancebo que enterró la de Pellicer ni el maestro en cirugía Millaruelo le reconocieron como la persona operada. Varios hechos inducen a sospechar. Pellicer enseñaba el muñón y lo dejaba tocar a todo el que se acercaba, pero nunca a un médico. El milagro sucedió cuando se vio obligado a dormir en el cuarto de sus padres. Cuando su madre descubre la pierna lo primero que hace Miguel no es sorprenderse, sino coger la mano de su padre y pedirle perdón. En fin…

El milagro de Calanda carece de testigos. Tal vez se pensó en amputar la pierna y Pellicer mejoró o que el médico no se decidiera a cortarla. También cabe que Pellicer hubiera visto lo sucedido a otro paciente y decidiera hacerse el cojo para vivir de la mendicidad. Recordemos que era la época de la picaresca, con las calles repletas de mendigos mutilados, la mayoría fingidos. Pero el dato que apunta a que nunca perdió la pierna es que la nueva era idéntica a la anterior. ¿Y el empeño de la Iglesia por certificar un milagro? Le vino bien al Cabildo, y que la Virgen del Pilar realizara semejante portento aseguraba un aumento en el flujo de peregrinos a la Basílica.

En 1642, dos años después del milagro, Pellicer viajó a Mallorca «para propagar la devoción a la Virgen y recoger limosnas para el Santuario». De aquella época se conserva una carta del Cabildo zaragozano al virrey de Mallorca donde se recomienda que «se tome estrecha cuenta a Pellicer, que mostrándose ingrato con los favores que le hizo la Virgen Santísima sospechamos da mal ejemplo con su vida». Al parecer no tuvo una conducta muy cristiana a pesar de todo.

# El más allá:
# la tentación trascendental

No hay nada más contagioso que el miedo ni nada que cause más temor que la muerte. A ninguno de nosotros nos gusta la idea de morir. «La mayor ironía de la vida es que nadie sale vivo de ella», escribió el autor de ciencia ficción Robert A. Heinlein. Este hecho incontestable ha provocado la aparición de múltiples creencias, muchas de las cuales se han convertido en religiones organizadas. Todas ellas comparten el mismo origen: es inaceptable pensar que todo se termina con la muerte y nada sobrevive. La búsqueda de un sentido a la vida y la necesidad de encontrar respuestas a las eternas preguntas que nos angustian han movido al ser humano desde la primera vez que fuimos conscientes de nuestra propia existencia. A este dilema vital no pretendemos encontrarle la solución correcta. En nuestra desesperación buscamos, no la verdad, sino aquello que nos tranquilice. Necesitamos certezas para vivir; certezas, reales o ilusorias, que apaguen la angustia de la muerte. Una de esas certezas es que no dejamos nunca de existir.

La creencia en una vida después de la muerte y en la existencia de espíritus y fantasmas es tan antigua como la humanidad. Sin embargo, hace ciento cincuenta años surgió una variante, una mutación. El espiritismo moderno vino a revelar la buena nueva: no solo hay vida después de la muerte, sino que los muertos son capaces de cruzar el

Según algunas teorías, el médium tiene capacidades especiales que le permiten recibir información del difunto, tal vez a partir de las impregnaciones que esa persona dejó en vida.

muro infranqueable que los separa de este mundo, charlar con nosotros y demostrar sus poderes. Desde 1848 se ofreció al ser humano la posibilidad de confirmar la existencia del más allá. Por fin se iba a elucidar el interminable debate entre materialistas e idealistas. ¿Somos algo más que materia? Como tantas otras veces, una discusión filosófica iba a dirimirse en el campo de la ciencia. Demostrar el espiritismo es demostrar la falsedad de los postulados materialistas; es descubrir –por fin– esa parte divina del ser humano.

# La búsqueda científica del más allá

**Desde hace un par de siglos, muchos se han enfocado en intentar explicar fenómenos ligados a la vida después de la muerte, lo que ha desencadenado pintorescas dialécticas entre escépticos y espiritistas.**

«El más allá es de donde proviene nuestro espíritu cuando ingresamos en el vientre materno y es a donde se dirige cuando morimos. Se trata de un lugar muy real, más hermoso de lo que nuestra mente terrenal puede imaginar». Así describía ese mundo eterno Sylvia Browne, una de las médiums y videntes más famosas y polémicas de la segunda mitad del siglo pasado, que hacía una caja anual de tres millones de dólares. Browne murió en 2013, once años antes de la fecha que ella misma predijo.

La idea de un más allá ha estado presente en todas las culturas y cada una lo ha descrito de diferente manera. Sin embargo, con la aparición del espiritismo, se produjo un peculiar cambio: europeos y norteamericanos se vieron en la necesidad de demostrar empíricamente su existencia. Y es que, a finales del siglo XIX, en pleno auge del positivismo, parecía que la ciencia iba a ser capaz de explicarlo todo.

Con el espiritismo en pleno auge desde que lo inventaran las hermanas Fox en 1848, no tuvimos que esperar demasiado a que aparecieran sociedades dedicadas a estudiar a los médiums. Así, en 1882, tres humanistas de la Universidad de Cambridge liderados por el filósofo Henry Sidgwick, junto con Dawson Rogers –figura prominente de la Asociación Nacional Británica de Espiritismo– y el investigador psíquico William Barrett fundaron la Society for Psychical Research

ARCHIVO TK

Friedrich Jürgenson (1903-1987) aseguraba que una guía del más allá le susurraba cuándo debía detener el dial de la radio para oír los mensajes de los espíritus.

(SPR), cuyo objetivo era «examinar sin ningún tipo de prejuicio y con un espíritu científico aquellas facultades del hombre, reales o supuestas, que parecen ser inexplicables por cualquier hipótesis conocida».

En la SPR, también había científicos: en 1887, ocho miembros de honor de la Royal Society pertenecían a su consejo rector. Pero el principal grupo estaba constituido por espiritistas y pronto iban a aparecer fisuras. Al consejo rector solo le interesaban los fenómenos físicos de los médiums, como las materializaciones, y para nada los consejos de los espíritus ni su filosofía, justamente la parte esencial de la vida de un espiritista convencido. No es de extrañar: ¿cómo iban a impresionar a un filósofo de Cambridge las palabras de unos espíritus que parecían tener la profundidad intelectual de un charco?

Una de las primeras cuestiones a investigar fue de dónde sacaba el médium la información que desvelaba en las sesiones. La clave parecía estar en su percepción extrasensorial. Empezaba a desbrozarse el camino hacia la parapsicología.

Sin embargo, un pequeño porcentaje de parapsicólogos defendían que no estábamos ante dotados o personas con unas facultades mentales portentosas, sino que realmente había cierto componente proveniente del más allá. Unos apostaban por una supervivencia inconsciente, esto es, sin la identificación de un yo. Otros defendían un estado de vida semiconsciente, algo así como un mundo de imágenes mentales similares a las que tenemos al soñar. Así, lo que en realidad sucedía era que los espíritus experimentaban un conjunto de sensaciones que los hacía sentir vivos.

Para enmarañar todo un poco más, se alude a unos misteriosos psicones, unidades mínimas de sustancia psíquica inventados por el parapsicólogo W. Carrington, al calorcillo de la teoría cuántica. Es posible, nos cuenta, que el sistema de psicones de cada uno se agregue de algún modo y posea cierta autonomía fuera del cerebro. Su disolución se produciría lentamente, evaporándose como un cubo de agua al sol, hasta llegar a la «muerte integral psicofísica».

Después de la II Guerra Mundial, el espiritismo empezó a estar de capa caída, pero no así el deseo de contactar con los muertos. En el verano de 1959, un pintor de origen ucraniano y aficionado a la ornitología, Friedrich Jürgenson, descubrió, tras grabar el canto del mirlo y del pinzón, que en los espacios en blanco de la cinta podían escucharse lo que parecían voces humanas. Era muy extraño pues no había nadie por los alrededores. Acababan de nacer las psicofonías.

Además de estas grabaciones, Jürgenson desarrolló un nuevo método de comunicación usando la radio: movía lentamente el dial hasta encontrar la frecuencia en la que transmitían los espíritus.

Pero había un problema: las supuestas voces del más allá no eran claras y diáfanas, sino todo lo contrario. Los mensajes eran casi inaudibles, como un sonido muy poco por encima del nivel del ruido. Tanto que en la revista espiritista *Light* decían que, si esas voces venía de espíritus descarnados, entonces debían ser «de un bajo nivel» pues «muchas de esas grabaciones son frases cortas, triviales, inconsecuentes o sin sentido».

El mazazo final a las grabaciones de Jürgenson y a las que haría poco después el gran divulgador de las psicofonías, el alemán Konstantin Raudive, se lo dio en 1972 D. J. Ellis. Gracias a la beca Perrot-Warrick Studentship, administrada por el Trinity College de la Universidad de Cambridge, pudo estudiar las grabaciones en bruto de las mejores psicofonías disponibles. Tras dos años de trabajo y análisis, su conclusión fue que «no hay razón para postular otra cosa que no sean causas naturales: fragmentos de emisiones de radio, ruidos mecánicos y comentarios de personas pasados por alto. Todo ello unido a una imaginación desbordada y el deseo de escuchar lo que uno quiere escuchar».

Al mismo tiempo, en estados unidos se ponía de moda otro tipo de fenómeno: las experiencias cercanas a la muerte. Según sus defensores, algunas personas que han estado clínicamente muertas y han regresado a la vida cuentan una serie de experiencias –como la salida del cuerpo y cruzar un túnel oscuro– que son una prueba de que hay algo después de la muerte. En definitiva, que algo nuestro sobrevive. De ser cierto, entonces la conciencia humana no necesitaría de soporte material para existir –el cerebro–, un postulado que entra en contradicción con todo lo que sabemos de neurociencia.

Por su parte, el tándem formado por el anestesiólogo de Arizona Stuart Hameroff y el físico de Oxford Roger Penrose creen que la conciencia puede estar producida por procesos cuánticos en las células cerebrales. Un paso más allá están aquellos que, como el profesor de cirugía pediátrica Bahram Elahi, son más imaginativos y defienden que la conciencia está hecha de un tipo de material sutil aún no descubierta y que la espiritualidad es una ciencia con sus propias leyes y teoremas.

Asimismo, en la década de los setenta, aprendimos que podíamos haber vivido otras vidas con anterioridad. Y todo gracias a las hipnosis regresivas, esto es, el acceso a recuerdos de nuestras vidas pasadas a través de un estado alterado de conciencia. Así, se hicieron famosos varios casos de personas que narraban sus aventuras en encarnaciones del pasado. Pero, en la década de 1990, el psicólogo Nicholas Spanos puso de manifiesto que no son más que constructos sociales: los pacientes actúan como si fueran alguien más, pero sus recuerdos carecen de las propiedades que tienen los recuerdos reales. Así se explica que quienes dicen recordar vidas en la Inglaterra del siglo XVI hablen echando mano de los patrones «usados por escritores y guionistas de cine para dar ese sabor a siglo XVI, más que en verdadero inglés renacentista», acota Spanos.

A finales del siglo XX, Gary E. R. Schwartz, profesor de Psicología y Psiquiatría de la Universidad de Arizona, decidió volver a investigar a los médiums. En su libro *Universo de energía viva* (1999), explica su hipótesis del recuerdo sistémico, según la cual cada célula que existe sobre nuestro planeta almacena información de todo lo que entra en contacto con ella, pervive en la conciencia creativa divina y no puede morir. Lejos quedan los días de los espíritus que solo se dedicaban a mover sillas y mesas.

# Los verdaderos fantasmas

**Para ver una aparición no hace falta estar en un lugar maldito a una hora concreta: las investigaciones señalan que son proyecciones del subconsciente, y este puede actuar en cualquier momento.**

El 11 de noviembre de 2007 la cámara de seguridad de una gasolinera de Parma, Ohio (EE. UU.), captaba un espectro azulado con forma de lágrima que rondaba por los surtidores. La noticia saltó a los medios y el vídeo se hizo famoso: profesionales de la televisión local con muchos años de experiencia se confesaban incapaces de explicar las imágenes. Las hipótesis se dispararon. Pero entonces un anónimo internauta descubrió lo que era: un bicho en la lente de la cámara.

Este caso demuestra que vemos lo que queremos ver. Apariciones y fantasmas dependen profundamente de la cultura, la psicología y el folclore de la época en la que nos encontremos. Durante la Alta Edad Media, por ejemplo, los aparecidos eran poco habituales y solo se mostraban ante la élite social, sobre todo del clero. En contra de lo que puede pensarse en la actualidad, que los aparecidos tuvieran la deferencia de hacerse visibles era prueba de que el perceptor tenía dones sobrenaturales.

Todo este mundo invisible se ha mantenido entre nosotros a lo largo del tiempo y en todas las culturas de diferentes formas, como el hermano menor de la religión. Pero no fue hasta la aparición del espiritismo moderno cuando se empezó a estudiar de forma sistemática.

El primer análisis lo publicó en 1894 la Society for Psychical Research, una sociedad creada por profesores universitarios interesados en el espiritismo. Se trata de un informe de cuatrocientas páginas titulado *Census of Hallucinations*. Durante cinco años investigaron 1684 casos de posibles apariciones y su intención era determinar el porcentaje de gente que experimentaba alucinaciones sensoriales –vista, oído y tacto– durante el tiempo de vigilia. De todas ellas, las más interesantes eran aquellas en las que existía una coincidencia entre la alucinación y la realidad. Por ejemplo, las que llamaron apariciones de crisis: un moribundo se aparece a algún conocido en el momento de dejar este mundo.

De los casos estudiados solo ochocientos treinta eran testimonios de primera mano donde se aparecía una forma humana; de ellos, el 20 % eran sobre personas que los testigos sabían muertas. De la cantidad restante, la mayoría eran encuentros con personas vivas y unos pocos con figuras no identificadas. Al final los autores concluyeron que sufrían esta experiencia una de cada diez personas, posiblemente una sola vez a lo largo de su vida. Estudios posteriores realizados en Francia, Alemania y EE. UU. confirmaron estos valores estadísticos.

A la luz de este trabajo, la clásica aparición terrorífica vistiendo una vaporosa sábana es más ficción que realidad. Lo más normal es que sea una persona, vestida al uso de la época, que se ve durante un corto espacio de tiempo. La forma de desaparecer varía: o lo hace de golpe o se va desvaneciendo.

Otra de las conclusiones, que contradice el folclore asociado a los fantasmas, es que no tiene que haber una razón para las apariciones:

Un estudio de finales del siglo XIX calculó que una de cada diez personas verá una aparición alguna vez en su vida.

SHUTTERSTOCK

Según algunos investigadores, ver fantasmas de niños puede responder a un deseo muy fuerte de ser padre.

ni un perceptor mentalmente inestable, ni encontrarse en un lugar encantado o que haya sucedido o esté a punto de suceder un desastre. Tampoco existe un patrón sobre el lugar donde aparecen, ni la hora del día: se ven en cualquier lugar y momento. Pueden parecer sólidos o semitransparentes, pueden ser vistos u oídos por todos los presentes o solo por algunos, pueden proyectar una sombra, aparecer y desaparecer en habitaciones cerradas, oscurecer la luz de una bombilla o ser reflejados por espejos. O puede que no hagan nada de eso. En raras ocasiones tocan o hablan con la gente, y la mayoría suelen ir a lo suyo, ignorando a los presentes. Incluso pueden aparecer como si de un cuadro viviente se tratara. En definitiva: la variedad de lo que hacen o dejan de hacer es tan dispar que difícilmente se puede sacar ninguna conclusión lógica de ellos. Desde entonces pocos avances se hicieron en el estudio de este peculiar campo de la percepción humana. Tuvimos que esperar a 1980 para que el psiquiatra Morton Schatzman nos mostrara un caso único: el de alguien capaz de controlar una aparición.

Ruth era una mujer de veinticinco años, casada y con dos hijos. Acudió a Schatzman porque tenía sueños muy molestos y visiones recurrentes de su padre, aún vivo. Este había abusado de ella cuando tenía diez años. Las apariciones eran totalmente reales y muy detalladas en cuanto a vestidos, aspecto físico, movimientos… Sin embargo, el fantasma de su padre se aparecía tal y como ella lo recordaba, no como era en ese momento. El espectro usaba los muebles que había en la habitación, esquivaba mesas y sillas, abría la puerta, entraba y luego la cerraba, proyectaba sombra, se reflejaba en el espejo… También conversaba con Ruth empleando el lenguaje y los gestos propios de su padre y olía como él.

Con la terapia, poco a poco, la mujer fue aprendiendo a controlar las apariciones hasta el punto de que las podía crear y hacer desaparecer a su antojo. Sin embargo, no era capaz de obligarlas a hacer algo que no quisieran hacer o impedir que hicieran algo que sí querían. «Son como la gente normal», explicó. Este increíble caso nos muestra lo poderoso que puede llegar a ser nuestro subconsciente.

# El estudio AWARE

**¿Qué sucede cuando estamos a punto de fallecer y nos reaniman? ¿Es cierto que podemos abandonar nuestro cuerpo y regresar a él? Un ambicioso proyecto científico de investigación intentó descubrirlo.**

En el otoño de 1975 aparecía un librito titulado *Vida después de la vida*. Su autor, Raymond Moody Jr., había sido profesor de Filosofía y en ese momento cursaba el cuarto curso de Medicina. Nadie podía imaginárselo, ni siquiera el propio Moody, pero ese libro iba a ser el pistoletazo de salida de lo que se conoce como experiencias cercanas a la muerte (ECM). Moody había recogido 150 testimonios de personas que habían estado clínicamente muertas, y, a partir de ellos, deducía que la gran mayoría de los que pasaban por ese trance experimentaba una misma secuencia de hechos: una sensación imposible de describir; escuchar el anuncio de la propia muerte; un sentimiento de paz y quietud; un ruido; entrar en un túnel oscuro; la salida del cuerpo; el encuentro, generalmente con familiares fallecidos; el ser luminoso; la revisión de vida; la frontera y el regreso. Para Moody, los testimonios recogidos probaban la existencia de algún tipo de vida después de la muerte.

Sin embargo, las investigaciones que se han realizado sobre las ECM desde entonces le han ido quitando la razón a Moody. Primero, la frecuencia con que aparecen: solo un 15 % de quienes han estado en el trance de morir han tenido alguna experiencia extraña; tener una ECM completa es aún más raro. Así, en 2001 el internista Sam Parnia publicaba en la revista *Resucitation* uno de los pocos estudios bien realizados que existen sobre este tema. Interrogó, al poco de recuperarse, a 63 pacientes que habían sufrido una parada cardíaca: solo cuatro informaron de una ECM típica. Ese mismo año, el cardiólogo Pim van Lommel publicaba en The Lancet un estudio similar. Realizado en Holanda entre trescientos treinta y cuatro pacientes, solo el 7 % describió una ECM profunda. Los componentes más comunes fueron los sentimientos positivos, la conciencia de estar muerto y moverse por un túnel.

En uno de los mejores estudios realizados sobre ECM, Bruce Greyson, del Departamento de Estudios de la Personalidad de la Universidad de Virginia (EE. UU.), entrevistó en 2003 a mil quinientos noventa y cinco pacientes de la planta de pulmón y corazón de un hospital. Solo un 2 % dijo haber tenido una ECM. Sin embargo, el porcentaje subió al 10 % entre los que habían sufrido un infarto. Al parecer, las personas que padecen incidentes de muerte traumáticos son más proclives a tenerlas que aquellos que viven una enfermedad prolongada.

El asunto no es tan sencillo como algunos pretenden. Existen peculiares correlaciones que aguardan una explicación, como que el paso por el túnel sea más común entre los que pertenecen a la alta sociedad y entre las mujeres; o que el encuentro con seres espirituales sucede más a menudo si se sufre la ECM en casa; o que la revisión de vida es más común en jóvenes de menos de veinte años, entre aquellos que estuvieron involucrados en un accidente de tráfico y si los sujetos creen que van a morir.

Tampoco es cierto que todo el mundo vea lo mismo. De hecho, la cultura del paciente es decisiva en lo que se ve durante las ECM. En 1992, Melvin Morse llamaba la atención sobre los estudios realizados en Zambia por el médico Nsama Mumbwe. Las diferencias con occidente son sustanciales: «Fui a un lugar donde había mucha gente vestida con túnicas blancas, niños y adultos. No pude distinguir sus razas. Parecían muy contentos. Cuando llegué dejaron de cantar y alguien dijo: 'No te estamos esperando. Lo siento'. Salí corriendo de

Las experiencias que narran quienes han estado a punto de morir difieren mucho de una región del planeta a otra. No en todas las culturas se ve a un pariente que te aguarda.

allí. Pude escucharles cantar una vez que estuve lejos de ellos». Por su parte, Pasricha y Stevenson, en 1986, estudiaron dieciséis casos de ECM en la India: ni salidas del cuerpo, ni revisión de vida ni ser devuelto a casa por los seres queridos. Lo más común es la aparición de una persona con un libro diciendo al interfecto que todo ha sido un error y que no debe estar ahí.

En la Melanesia lo clásico es caminar a solas por un camino que va a parar a una aldea. A la entrada hay un hombre que pide que le sigas al pueblo. Por el contrario, en China suele ser común sentirse extraño dentro del propio cuerpo y, mientras que las experiencias afectivas son muy raras, las visiones trascendentales son muy comunes. En Tailandia aparece un mensajero del dios de los muertos –Yama–, que lleva al moribundo de paseo por el infierno, donde se encuentra con Yama y sus súbditos, le dicen que es la persona errónea y lo devuelven a casa. No hay ni túnel ni revisiones de vida.

Otro de los mitos más comunes relacionados con las ECM es que son experiencias placenteras y agradables, y que quienes las sufren no tienen ningunas ganas de regresar. Sin embargo, en 1982 Gallup y Proctor encontraron que mucha gente experimentaba la visión de caras inexpresivas, como desdibujadas, o la presencia de seres que

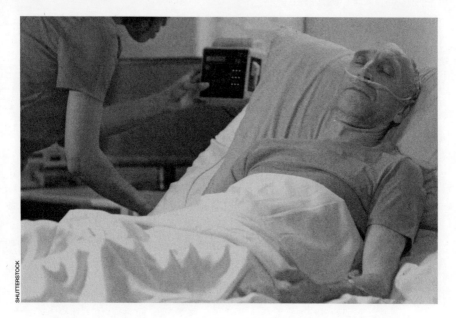

El estudio AWARE entrevistó a 140 pacientes que sobrevivieron a un ataque cardíaco.

les causaban una profunda incomodidad. Incluso llegaban a sentir el Día del Juicio Final y el infierno: se tiene el testimonio de un niño de seis años, atropellado por un coche, que dijo haberse encontrado con el diablo.

Pero lo más llamativo es que no es necesario estar en trance de morir para sufrir una ECM. Ring cuenta el caso de una mujer que la tuvo mientras leía el panegírico por un amigo muerto. El parapsicólogo Scott Rogo pudo inducir una ECM durante el estado hipnagógico que caracteriza el proceso del sueño, justamente los instantes anteriores a quedarse dormido. También suelen aparecer bajo anestesia, en el momento de quedarnos dormidos, al estar relajados o cuando estamos sometidos a un estrés agudo. Se ha dado el caso de que un moribundo y su acompañante hayan tenido ECM simultáneas y similares. Por otro lado, un estudio realizado en 1990 por la Universidad de Virginia (EE. UU.) encontró que de cincuenta y ocho personas que habían tenido una ECM, la mitad habrían sobrevivido sin necesidad de cuidados médicos: nunca estuvieron en trance de morir y aún así tuvieron una experiencia cercana a la muerte. Además, J. E. Whinnery señaló en 1997 que quienes pierden la conciencia sentados en los famosos aceleradores gravitatorios –la centrifugadora de los astronautas– muestran experiencias similares a las ECM.

También sabemos que se pueden inducir fenómenos visuales idénticos a las ECM en un tanque de aislamiento sensorial, al igual que con una inyección intravenosa de ketamina. La psicóloga Susan Blackmore ha conseguido provocar ECM completas en condiciones de cansancio extremo y tras fumar hachís. Lo mismo sucede con el LSD o el DMT, una triptamina psicodélica. Aquellos que ven las ECM como una prueba de la existencia de vida tras la muerte son incapaces de explicar toda esta panoplia de experiencias, que más bien plantean serias dudas sobre la existencia objetiva del fenómeno y apuntan más a un proceso propio del cerebro moribundo.

El punto de inflexión en la investigación de las ECM se produjo en 2008, cuando se lanzó el primer estudio a gran escala. El nombre del proyecto lo decía todo: AWARE (AWAreness during REsuscitation, es decir, «consciencia durante la resucitación»). Dirigido por Sam Parnia, de la Facultad de Medicina de la Universidad de Stony Brook (EE. UU.), el neuropsiquiatra británico Peter Fenwick y los profesores Stephen Holgate y Robert Peveler de la Universidad de Southampton (Reino Unido), tenía por objetivo «estudiar el cerebro humano, la consciencia y la muerte clínica». O, dicho de otro modo, se pretendía resolver de una vez el origen de las ECM.

Para ello involucraron a quince hospitales del Reino Unido, Austria y Estados Unidos con el objeto de monitorizar a las personas que sufrían un paro cardíaco. La parte más llamativa de este estudio era comprobar si la sensación de salida del cuerpo era real o no. Para ello, en la mitad de las salas de emergencias colocaron una imagen en el techo y escondida a los ojos del paciente si estaba tumbado en la camilla, pero no si realmente flotaba por la habitación.

De los 2060 ataques cardíacos estudiados, ciento cuarenta pacientes sobrevivieron y, de ellos, con ciento uno se tuvieron entrevistas detalladas. De este pequeño subconjunto solo nueve tuvieron una ECM y, de esos nueve, solo un par recordaban haber estado conscientes de lo que pasaba a su alrededor. Por desgracia, estos dos casos sucedieron en lugares que no correspondían a zonas de reanimación y, por tanto, sin imágenes ocultas. Realmente una mala suerte. En solo una de las entrevistas los investigadores pudieron comprobar los recuerdos del paciente mientras estuvo clínicamente muerto durante tres minutos. La conclusión de Parnia fue que «los recuerdos de la experiencia extracorpóreas podrían corresponder a situaciones reales».

A pesar de toda la pompa con la que se anunció el proyecto, AWA-RE ha dejado las cosas como estaban; poca luz −más bien nada− ha arrojado sobre el fenómeno.

El propio Parnia reconoció en el artículo definitivo que publicó en 2014 que las ECM podían ser una ilusión… o quizá no. Caroline Watts, directora de la Unidad Koestler de Parapsicología de la Universidad de Edimburgo (Escocia) −una de las escasísimas cátedras de parapsicología del mundo− fue muy crítica con los resultados de AWA-RE: «El único «periodo verificable de consciencia» que Parnia fue capaz de registrar no tuvo nada que ver con el experimento. El paciente […] no identificó los dibujos, solo describió el ruido del desfibrilador. No es muy impresionante, ya que mucha gente sabe cómo funciona».

Siguen quedando sin respuesta las mismas preguntas de hace décadas: ¿por qué las ECM son tan poco comunes? ¿Por qué unas son terroríficas y otras no? ¿Por qué algunos las experimentan en situaciones que no entrañan un riesgo de muerte? ¿Por qué la experiencia ECM depende del tipo de incidente o enfermedad que llevó al paciente a ese punto?

# El trabajo de Stevenson

**¿Es posible que, tras la muerte, nuestro espíritu renazca en otro cuerpo? Un psiquiatra estadounidense se pasó la mitad de su vida investigando posibles casos de reencarnación.**

En 1923 nacía Jagdish Chandra en Bareilly, en el norte de la India. Cuando tenía tres años y medio empezó a hablar de una vida anterior en Benarés, una de las siete ciudades sagradas del hinduismo, situada a quinientos kilómetros. Su padre, un abogado llamado K. K. N. Sahay, comenzó a tomar nota de los recuerdos de su hijo: decía que su nombre era Jai Gopal y su verdadero padre se llamaba Babu Pandey; que su madre y su otro hermano, Jai Mangal, también habían muerto; que tenían coche −una rareza en la India de entonces− y que a veces su padre los sacaba a dar una vuelta por la ciudad; describió a su madre y algunos familiares e incluso dio detalles de la casa en la que vivían, como que estaba cerca del Ganges y que había una caja fuerte fija a una pared del sótano.

El padre real de Jagdish se puso en contacto con un periódico de Benarés para que le confirmaran la existencia de tal hombre. Y así fue. Decidido a comprobar la información de su hijo, antes de salir de viaje registró sus notas en el juzgado para que sirvieran de prueba posterior. Allí confirmó los detalles proporcionados por su vástago, que fue interrogado por el propio Pandey. Curiosamente, la familia anterior de Jagdish era de clase alta acomodada, mientras que su nueva familia estaba cercana a la pobreza.

Este es uno de los casos estrella que para muchos demuestran la realidad de la reencarnación. Posee todos los elementos clásicos del tipo de fenómeno que el psiquiatra de la Universidad de Virginia (EE. UU.) Ian Stevenson investigó durante cuatro décadas. Todo suele comenzar cuando un niño —o una niña— de dos a seis años empieza a contar a sus padres cosas vividas en una existencia previa. En algunos casos la familia puede querer comprobar el relato; en otros, lo castigan porque creen que alguien que recuerda su vida anterior morirá joven. Después de cumplir los seis años el infante habla cada vez menos de ella hasta que, al final, sus recuerdos se desvanecen. En la década de los setenta Stevenson recopiló unos mil seiscientos informes con este patrón, fundamentalmente en la India, Sri Lanka, Birmania, Tailandia y Turquía, lugares donde la creencia en la reencarnación está bastante extendida.

La reencarnación parte de la premisa de que el cuerpo biológico y la esencia individual de las personas —el alma o el espíritu— son dos entidades diferentes, separables y recombinables.

SHUTTERSTOCK

El psiquiatra Ian Stevenson (1918-2007) investigó el fenómeno de la reencarnación durante cuatro décadas.

La dependencia cultural del fenómeno es evidente. Según revelaron los psicólogos David R. Barker y Satwant K. Pasricha, que entrevistaron en 1979 a noventa y una personas de la región donde creció Jagdish, el 77 % sabía algo sobre la reencarnación y el 21 % recordaba vidas anteriores. De entre estos últimos la mayoría eran hombres de religión hindú, pertenecientes a las castas más bajas y que además eran los hermanos pequeños de la familia. Esa vida anterior siempre había sido en una familia acomodada, lo que hace sospechar que, en ese entorno cultural, decir que un niño es la reencarnación de una persona de una familia rica puede servir como incentivo para que acabe siendo adoptado por ella. Resulta también curioso que la distancia entre las ciudades que separan las dos vidas no suele ser grande. En la mayoría de los casos la distancia no supera los cincuenta kilómetros y lo normal es que suceda en el mismo poblado.

El interés de Stevenson por la reencarnación puede trazarse hasta su madre, una fervorosa seguidora de la teosofía, un sincretismo de hinduismo y cristianismo con gotas de espiritismo creado por la fraudulenta médium rusa H. P. Blatvasky a finales del siglo XIX. Stevenson estaba convencido de que la reencarnación podría responder a la pregunta de por qué una persona contrae una determinada enfermedad en lugar de otra. La respuesta médica estándar no lo convencía y pensaba que algunas se producían «vía una personalidad previa». Incluso creía que reencarnarse dependía del deseo de cada uno: «Quizá nuestras creencias determinan nuestro destino. Si crees que vas a regresar como miembro de tu fe, lo harás. Si crees que simplemente mueres y no vuelves, no lo haces».

Un problema importante de las investigaciones de Stevenson proviene de la metodología empleada. Su libro más famoso, *Veinte casos que hacen pensar en la reencarnación* (1966), tuvo que ser publicado por la editorial de su propia universidad porque el editor original se retiró del proyecto al descubrir que el traductor empleado por el psiquiatra le había engañado. Stevenson lo reconoció, pero no admitió que quizá le hubiera mentido en sus traducciones. Que la recogida de datos de un investigador dependa críticamente de lo que le traduzca un intérprete porque no conoce la lengua de sus interlocutores es un problema básico de metodología en antropología que ha conducido a numerosos equívocos. De este modo, para extraer datos relevantes no solo debe conocer la mentalidad y el sistema de creencias del interlocutor, sino también los del traductor.

A esto se añade el llamado prejuicio de confirmación, que consiste en que el investigador busca confirmar sus hipótesis y ningún dato va a servir para eliminarla. Con todo, el trabajo realizado por este psiquiatra fue considerado por el conocido astrofísico Carl Sagan como uno de los tres fenómenos paranormales que merecían la pena ser investigados, aunque las pruebas aportadas fueran bastante débiles.

# El caso de Patience Worth

**A principios del siglo xx, la mano de Pearl Curran escribió numerosas obras literarias guiada, según ella, por el espíritu de Patience Worth. ¿Espiritismo o trastorno de personalidad múltiple?**

Un automatismo es un comportamiento que sucede sin ser un acto deseado. El ejemplo más cotidiano lo encontramos cuando hablamos por teléfono y tenemos un boli en la mano: empezamos a garabatear sin darnos cuenta, y a veces podemos hasta sorprendernos de lo que hemos hecho.

Todos somos capaces de practicar la escritura automática, pero de ahí a decir
que los espíritus te dictan las palabras va un trecho.

La parte más impactante de este hecho mundano es lo que se denomina escritura automática: el brazo comienza a poseer vida propia y escribe, dibuja o pinta como si estuviera animado por una fuerza invisible. El grado de consciencia de los que dicen tener ese don varía: unos son totalmente ajenos a lo que está sucediendo, otros saben que su mano está haciendo algo pero no sabe qué es lo que está ejecutando y, finalmente, otros son conscientes de lo que se está haciendo pero no saben lo que va a aparecer a continuación.

Cualquiera que sepa escribir es capaz de hacerlo si, como dicen, se entra en el estado de conciencia adecuado. Algunos se sientan frente a una hoja de papel con un bolígrafo en la mano y se ponen a mirar la tele o a leer, mientras su mano empieza a escribir; otros caen en una especie de trance y se imaginan que su brazo ya no les pertenece. Y hay otros que recurren a la hipnosis. Al principio suelen ser frases sin sentido, pero con práctica se puede ir mejorando hasta producir obras de cierta calidad literaria: la escritura automática fue usada por los surrealistas franceses en las décadas de 1920 y 1930, pues, según ellos, les permitía liberarse de la estrechez del pensamiento regido por la razón, una característica del movimiento surrealista. La mejor ocasión para hacerlo, decían, era el momento entre el sueño y el despertar, que es el instante en el que aparecen las alucinaciones hipnopómpicas, en las que no somos capaces de distinguir de una experiencia normal vivida cuando estamos completamente despiertos.

La primera obra escrita con este método fue *Les champs magnétiques*, de André Breton (1896-1966) y Philippe Soupault (1897-1990), publicada en 1919, que marcó el punto de partida del movimiento surrealista. El propio Breton describió la técnica en su *Manifeste du surréalisme* (1924): «Colócate en el estado más pasivo o receptivo que puedas... Escribe rápidamente sin un tema preconcebido, lo suficientemente rápido como para no reprimirte y no tener la tentación de leer de nuevo».

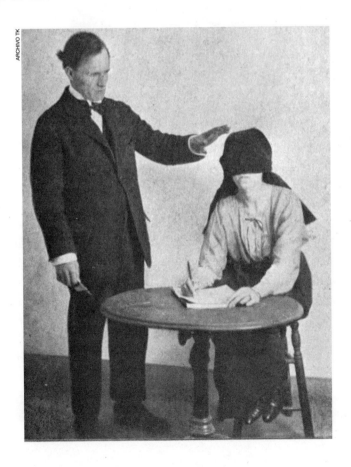

ARCHIVO TK

WIKIPEDIA

Pearl Lenore Curran contactó con el espíritu de Patience Worth
a través de la güija en 1913.

No debemos menospreciar el papel que ha jugado la escritura automática a lo largo de la historia. Muchos textos que tradicionalmente son considerados producto de espíritus pueden haber sido redactados de esta forma. *Del Prajñāpāramitā* o *La perfección de la sabiduría*, uno de los primeros textos de la rama del budismo Mahāyāna, dice la tradición que su autor, el filósofo indio y monje budista Nagarjuna (150-250), afirmó haber obtenido el texto de la tierra de los Nagas —unos semidioses con forma de serpiente—, donde había sido depositado después de que Buda lo dictara siglos atrás. ¿Quizá este tipo de textos oculten el fenómeno de escritura automática?

Si en la antigüedad eran los dioses o los ángeles los que dictaban libros, en el siglo XX, con el auge del espiritismo, ese papel pasó a los espíritus. A principios del siglo pasado aparecieron muchos libros cuyos autores-médiums decían haber usado la escritura automática. Todos ellos se pueden englobar en dos grandes grupos:

novelas históricas supuestamente dictadas por espíritus que vivieron en la época en que se desarrolla la acción —y que por tanto tenían conocimientos de primera mano— y discursos, sobre todo acerca de la naturaleza de la realidad y normalmente referidos a otras dimensiones espirituales.

El ejemplo más importante de los de la primera categoría fue el de Pearl Lenore Curran (1883-1937), un ama de casa de Illinois (EE.UU). Empezó a jugar con el tablero de la güija en 1913, momento en el que contactó con una tal Patience Worth, una mujer inglesa que vivió en la segunda mitad del siglo XVII —aunque nunca dijo dónde—. Poco a poco, la capacidad de Curran fue evolucionando y de la güija pasó a escuchar a Patience en su cabeza. Durante los siguientes veinte años, Patience le dictó poemas, novelas y obras de teatro. La primera de ellas fue la novela *The Sorry Tale*, de trescientas veinticinco mil palabras.

En 1916, Casper Yost, editor de un periódico de San Luis (Misuri), publicó lo que llamó «hechos relacionados con las manifestaciones ocultas» de Patience Worth. El libro, titulado *Patience Worth: A Psychic Mystery*, hizo famoso el caso y popularizó su obra.

Worth, como buena autora, controlaba la edición: decidía los colores y el diseño de la portada y, cuando se le preguntó si la foto de Pearl Curran debería estar incluida en el libro, Worth respondió: «Ella no es más que el tarro». Yost, que acudía con frecuencia a las sesiones espiritistas de Curran con Patience Worth, se convirtió en editor de los mensajes de Worth y su defensor más esforzado.

La investigación más extensa la realizó Walter Franklin Prince, un ministro episcopaliano y fundador de la Sociedad para la Investigación Psíquica de Boston. Era amigo de Houdini, aunque discrepaba del mago al creer que había algunos médiums que realmente eran genuinos. De hecho, desconfiaba de los efectos físicos como la psicoquinesis, pero se inclinaba a creer en la existencia de la telepatía o la precognición.

En 1927 publicó *The Case of Patience Worth*, un voluminoso informe de 509 páginas que cubrió el caso desde su inicio, en 1913, hasta 1927. Prince concluyó su investigación afirmando lo siguiente: «O bien debemos modificar nuestro concepto de lo que llamamos subconsciente de modo que incluya potencias de las que hasta ahora no hemos tenido conocimiento, o bien debemos reconocer alguna causa que opera pero no se origina en el subconsciente».

Por su parte, el parapsicólogo Stephen E. Braude, profesor de Filosofía en la Universidad de Maryland (EE. UU.), piensa que este caso no sirve de prueba de la supervivencia tras la muerte. Eso sí, creía que pudo ser un caso de superpsi: Curran había utilizado inconscientemente una forma de percepción extrasensorial para recopilar información histórica para sus novelas.

Más contundente fue el parapsicólogo James Hyslop en 1916: en el *Journal for the American Society for Psychical Research* escribió que todo el caso era un fraude, que Curran había conocido a personas de los Ozark –una región montañosa del medio oeste que llega hasta San Luis– que hablaban un dialecto que recordaba al usado por Patience Worth. Según Hyslop, el caso era «un fraude y un engaño para cualquier persona que desee tratarlo en serio».

Por otro lado, la mayoría de los psicólogos que han examinado el caso piensan que estamos ante una personalidad múltiple. Esta era la opinión de Charles E. Cory, que en un artículo publicado en 1919 en la revista *Psychological Review* llegaba a la conclusión de que Worth era una personalidad subconsciente de Curran. Y los psicólogos Leonard Zusne y Warren H. Jones, en su libro *Anomalistic Psychology. A Study of Magical Thinking* (1989), escribieron: «Su educación fue lo suficientemente buena como para permitirle enseñar en varias escuelas públicas y privadas. Había recibido una amplia educación, así como una costosa formación de canto y piano. Tocaba el piano en una iglesia, que resultó ser un templo espiritualista dirigido por su tío, un médium. [...] El detonante de la aparición de Patience Worth podría haber sido la muerte del padre de la Sra. Curran solo dos meses antes».

Como suele suceder en estos casos, cualquier intento por encontrar alguna prueba de la existencia de Patience Worth ha terminado en fracaso; más aún, el supuesto espíritu nunca dio ninguna pista de su vida en la Tierra. Por otra parte, el análisis lingüístico de los textos ha revelado que el lenguaje usado por Worth no es consistente con el de otras obras de aquella época, sino que es una mezcla de inglés contemporáneo, términos poéticos y algunas variantes dialectales.

A día de hoy la opinión más extendida es que Patience fue una personalidad de Curran, que murió en Los Ángeles el 3 de diciembre de 1937 de una neumonía. Desde entonces, Patient Worth no ha vuelto a aparecer.

# El testimonio de lady Barrett

**¿Familiares que se aparecen para recibir y acompañar a los moribundos en su paso al otro lado? El caso que vivió hace un siglo una obstetra, lady Barrett, ejemplifica este tipo de fenómenos.**

«He visto a pacientes fallecer con sus parientes muertos esperando y he visto a pacientes morir con solo sus parientes vivos en la habitación. Prefiero esas muertes en las que sabes que alguien ha venido a buscarte. Al menos para mí, me mantiene con la esperanza de que, cuando sea el momento de irme, alguien a quien amo vendrá a buscarme». Así se expresaba una enfermera de cuidados paliativos al hablar de los pacientes que experimentan visiones en el lecho de muerte al final de sus vidas.

Estas visiones pueden aparecer antes de morir, o en los días o incluso semanas previas: pueden ser familiares ya fallecidos, figuras religiosas o paisajes. Según la psiquiatra Marilyn Mendoza, lo más común es ver a familiares, y quienes trabajan con moribundos comentan que estas experiencias tienen un efecto calmante en los pacientes.

Los pocos estudios sistemáticos realizados sobre este fenómeno apuntan que alrededor del 80% de las veces son familiares cercanos los que se aparecen, siendo la madre la figura que lo hace con más frecuencia sin importar la edad que tenga el hijo –o la hija– en el momento de morir. De acuerdo con un estudio realizado por Karlis Osis en 1959, dos tercios de las

El parapsicólogo William Barrett
(1844-1925) publicó el caso
que le contó su esposa, lady Barrett.

ARCHIVO TK

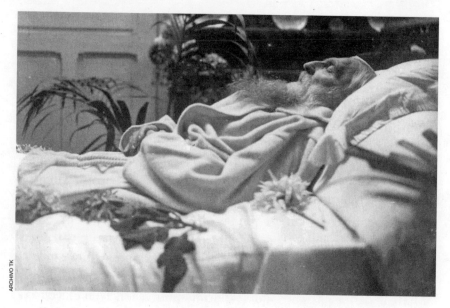

ARCHIVO TK

¿Alucinaciones del cerebro o apariciones reales? Cuando la vida está a punto de apagarse, en ocasiones se ve a familiares. En la imagen, el escultor Auguste Rodin (1840-1917) en su lecho de muerte.

apariciones son de personas ya fallecidas, pero sorprendentemente un tercio corresponden a familiares todavía vivos. También suelen aparecer ángeles o iconos religiosos, que brindan la misma sensación de consuelo y paz. Independientemente de si se cree que estos eventos son alucinaciones de un cerebro moribundo o verdaderas experiencias del más allá –lo que deja sin explicación que se aparezcan personas vivas–, el impacto emocional que tiene en los moribundos –e indirectamente en sus familiares– ayuda a suavizar el proceso del duelo.

El primer estudio sistemático de las visiones en el lecho de muerte es relativamente reciente. Data de principios de la década de 1920 y fue realizado por el físico del Royal College y parapsicólogo William Barrett, un convencido espiritista cuyas creencias nublaban su capacidad para impedir el fraude cuando investigaba a personas con poderes.

En 1926 Barrett publicó el resultado de su investigación sobre las visiones en el lecho de muerte en el libro *Death-Bed Visions*. En él presentaba algunos casos realmente llamativos, como el recogido por su mujer –que era obstetra–, sucedido en la noche del 12 de enero de 1924. Había atendido el complicado parto de una mujer llamada Dora; aunque el niño sobrevivió, la madre murió poco después. Antes de eso, mientras agonizaba en la habitación, la mujer fijó de repente la mirada en un rincón y sonrió feliz. Lady Barrett le preguntó que estaba viendo, y ella contestó: «Una hermosa luz, unos seres maravillosos». Dora estaba del todo absorta con la visión. Entonces le explicó a lady Barrett que se trataba de su padre, que le comunicaba que sentía feliz porque ella iba a reunirse con él. Cuando las enfermeras le llevaron su bebé, Dora preguntó en voz alta si podía quedarse para cuidarlo. Poco después volvió a hablar: «No puedo dar la espalda al maravilloso mundo que estoy viendo».

Pero lo más llamativo sucedió luego. Con expresión de extrañeza, se volvió hacia lady Barrett y dijo: «Vida está con él». Vida era su hermana, que había muerto tres semanas antes, pero su familia, temiendo por el delicado estado de salud de Dora, no le había dicho nada; de ahí la sorpresa de verla junto a su padre.

Hay quienes defienden la realidad de estas visiones objetando que no tienen las características propias de las alucinaciones: el paciente no delira, sino que razona y charla normalmente con los que se encuentran en la habitación, por lo que la visión debe proceder de una fuente externa y no es una mera proyección de sus deseos más profundos. Además, estas visiones son de corta duración, por lo que no se pueden achacar a un efecto del cerebro moribundo o de la medicación −se conocen medicamentos que provocan este tipo de visiones−.

En 2010, investigadores de la Universidad Flinders (Australia) realizaron una revisión de toda la literatura científica que informaba de «fenómenos inusuales y difíciles de explicar al final de la vida de los pacientes». Y extrajeron el siguiente patrón, que coincide con estudios previos: suele verse a familiares muy cercanos, como la madre o un hermano o una hermana; la mayoría de las visiones se dan veinticuatro horas antes de morir y proporcionan paz y tranquilidad. En poquísimos casos provocan temor o angustia. Sea cual sea el origen de esas visiones, lo cierto es que acaban convirtiéndose en una experiencia decisiva para quien está a punto de perecer.

# LA HISTORIA ALTERNATIVA

En 1923, lord Carnarvon, el mecenas que financió la excavación arqueológica en Egipto de la tumba de Tutankamón, murió siete semanas después de la apertura del sepulcro. Un periódico publicó unos jeroglíficos que supuestamente estaban en la entrada del lugar: «Quien entre en esta tumba sagrada será visitado muy pronto por las alas de la muerte». En menos de un año, murieron otras seis personas. Así surgió la llamada maldición de Tutankamón. Lo cierto es que la supuesta inscripción nunca existió y veinte de las veintiséis personas directamente implicadas en la excavación ni murieron ni les pasó nada, entre ellas, el principal responsable Howard Carter. De hecho, la media de edad de fallecimiento de las veintiséis fue de setenta años.

El caso de la maldición de Tutankamón es un ejemplo de cómo funcionan los valedores de la pseudociencia y de la historia alternativa: exagerar el misterio, descontextualizar la información y usar un lenguaje florido. ¿Que hay un monumento arqueológico misterioso en Perú? ¡Para qué vamos a estudiar la información publicada en revistas científicas! Mejor echar un vistazo *in situ*, entrevistar a cuatro o cinco personajes de la región, sacar conclusiones propias e ilustrar la investigación con fotos —hoy, *selfies*— posando en el misterioso enclave y con una exuberante narración en primera persona del viaje.

Se cuenta que la iglesia de Rennes-le-Château guardaba información sobre el origen de Jesús de Nazaret y el destino del santo grial.

Por desgracia, los practicantes de la historia alternativa no se limitan únicamente a hablar de civilizaciones desaparecidas o lugares misteriosos. Una variante de esta pseudohistoria la encontramos en la infatigable búsqueda de algunos iluminados para justificar que los relatos bíblicos son hechos históricos o, al menos, que están basados en sucesos más o menos reales. Evidentemente quienes están detrás de este esfuerzo titánico son profesores de universidades cristianas y judías que defienden la inerrancia de la Biblia, esto es, que no hay errores en este texto porque fue inspirado por Dios. Cualquier cosa que podamos relacionar con acontecimientos bíblicos vende. Valga como ejemplo ilustrativo la noticia que inundó los medios de comunicación en abril de 2008: un meteorito había causado la destrucción de las míticas y pecadoras ciudades de Sodoma y Gomorra.

Y así se escribe la historia alternativa. En las siguientes páginas, vemos otros tres casos conocidos: el tesoro de Rennes-le Chateau, el misterio de la esfinge de Gizah y el mapa de Piri Reis.

# Un tesoro en Rennes-le-Château

**¿Un tesoro escondido en un castillo? ¿Unos legajos ocultos en la base del altar de una iglesia? ¿Cuál era el origen de la riqueza del párroco del pueblo francés?**

En 1885 llegaba a Rennes-le-Château un nuevo párroco, Bérenger Saunière, de treinta y tres años. Por su indisciplina como profesor en el seminario de Narbona le enviaron como castigo a ese pueblo de menos de trescientos habitantes del sur de Francia, con una iglesia en un penoso estado de abandono. Encima, al poco tiempo, el prefecto de la zona privó a Saunière del sueldo que el Estado francés abonaba a los curas por alentar a sus feligreses a votar a los partidos más conservadores, aunque no tardaron en reintegrárselo.

Los años pasaron y, a finales del siglo diecinueve, Saunière pareció haberse convertido en millonario de la noche a la mañana. Manejaba importantes sumas de dinero, fumaba puros habanos, bebía ron de la Martinica y comía delicadas viandas. ¿De dónde sacaba el dinero? El cura era muy ordenado y minucioso, y se conservan sus libros de cuentas con sus ingresos y gastos detallados. Pero algunos datos no cuadran. Por ejemplo, según sus notas, en enero de 1898, recibió 1019,70 francos en donaciones procedentes, en su mayoría, de otros sacerdotes, monjas, conventos... Otros grandes donantes fueron Guillaume y Barthélémy Denarnaud, que entre 1895 y 1898 le entregaron 2575,45 francos, unos cuarenta mil euros actuales. ¿Quiénes eran estas dos personas tan espléndidas con un párroco de pueblo? Se trataba del padre y el hermano de Marie Denarnaud, la cocinera y ama de llaves de Saunière. Era una familia dedicada a la industria sombrerera que había sido acogida por el sacerdote. Según sus propias anotaciones, «ganaba cada uno trescientos francos al mes. Así ahorramos cinco mil doscientos francos». No parece que fuera una familia con recursos, habida cuenta además de que en el mes de octubre de 1907 el padre Bérenger apuntó en el apartado de gastos: «Pagado el tabaco para Guillaume. Siete meses, catorce francos». Está claro que Saunière llevaba bien las cuentas, pero ocultaba a sus benefactores. La pregunta es por qué.

El propio párroco sabía que sus libros no pasarían el más mínimo control. En cierta ocasión escribió: «Monseñor quiere el origen de todo el dinero que me sirvió para esas construcciones. [...] Quiere,

La torre Magdala, que mandó construir Saunière como biblioteca personal, se asoma sobre el paisaje de los valles del Aude y el Sals, en Languedoc.

ARCHIVO TK

en una palabra, que le presente un libro de cuentas de mis trabajos con el detalle de ingresos y gastos. Ahora bien, ese libro que reclama no existe». Pero sabemos que sí existía. ¿Por qué lo niega? Evidentemente, porque no quería enseñarlo. Y si no iba a enseñar su contabilidad, ¿por qué falsear las entradas? ¿Por miedo a que algún día, por descuido, salieran a la luz? Sea cual fuere la razón, Saunière se dedicó a ocultar el origen del dinero.

Y es aquí donde aparecen los buscadores de misterios. Se sabe que, en 1891, comenzó la restauración de la iglesia de Rennes dedicada a María Magdalena. Durante esas obras, es cuando se produce el acontecimiento que iba a convertir ese pueblecito del Languedoc en el foco de uno de las incógnitas más populares del siglo XX: los obreros encontraron en el interior de uno de los pilares que sustentan el altar unos extraños pergaminos. Saunière acudió con ellos a París y comenzó a relacionarse con personajes ligados al esoterismo. A partir de ese momento, empezó a gastar un dinero que parecía llegarle llovido del cielo. Con él, pudo terminar la restauración de la iglesia y levantar otros dos edificios: la que sería su casa, Villa Betania, y su biblioteca particular, la torre Magdala.

Sin embargo, la realidad es mucho más prosaica: el cura traficaba cón misas. Se conserva un listado de las que había cobrado por oficiar. Esto no era ni es ilegal, pues cualquier católico puede encargar una misa —normalmente, en recuerdo a un familiar difunto—. Lo que hizo Saunière es que vendió tantas que era imposible que las celebrara. En un mes, llegó a vender más de novecientas misas al precio habitual de un franco cada una, lo que implica una media de treinta misas al día. Y esto sí es ilegal, pues el número máximo de misas que un sacerdote puede celebrar, según el Código de Derecho Canónico, es una al día; dos, si hubiera escasez de sacerdotes, y tres, si es domingo o festivo previa autorización.

Pero este cura en concreto lo tenía muy bien montado. Diseñó una estrategia publicitaria a base de poner anuncios en muchos periódicos —existe una lista, escrita de su puño y letra, de las ciudades cubiertas por esos anuncios—, ofreciendo misas. Como cuenta el que fuera bibliotecario jefe de Carcassonne, René Descadeillas, en su libro *Mythologie du trésor de Rennes*, «en determinados períodos, el cura de Rennes recibía un gran número de giros postales diarios, hasta cien o ciento cincuenta, por pequeñas cantidades de efectivo que

Recreación de la vida cotidiana del párroco, en el Museo Bérenger Saunière, en Rennes-le-Château. Su historia sigue atrayendo al turismo, sobre todo, después del éxito del libro de Dan Brown *El código Da Vinci* −inspirado en ella−.

oscilaban entre cinco y cuarenta francos. […] Muchos procedían de Francia, pero también había de Bélgica, Renania, Suiza y el norte de Italia. Un gran número salía de comunidades religiosas». ¿Realmente es creíble que, si Saunière hubiera tenido los enormes recursos económicos que afirman los pseudohistoriadores, se iba a arriesgar a una estafa de ese nivel y tan arriesgada?

Al final, el caso le estalló entre las manos. Por un lado, fue poco precavido y muy pronto empezó a gastar dinero de forma ostentosa. Por otro, con una serie de acciones, se había ganado la animadversión de sus fieles. Les había quitado parte del terreno comunal para edificar y, cuando un incendio asoló el pueblo en 1895, todos los vecinos pusieron a disposición de los bomberos sus cisternas, excepto él. Para colmo, se dedicó a remover el cementerio sin respetar las lápidas y cruces que allí había.

Por suerte para él, su superior, el obispo de Carcassonne, Félix-Arsène Billard, miraba para otro lado ante los manejos del cura, un favor que este le devolvía haciendo lo mismo. En su caso, se enriquecía con las herencias de los feligreses, algo mucho más rentable que las misas: una de las que recibió fue de un millón doscientos mil francos. Pero nada dura para siempre y, en 1901, Billard murió. El papa nombró a su sucesor, Paul-Félix Beurain de Beausejour, que no asumió oficialmente el cargo hasta 1904.

Las cosas debieron de torcerse mucho para Saunière porque, en 1909, dimitió como párroco. Hasta ese momento, el obispo había recibido numerosas cartas preguntándole si Sauniére era un sacerdote de fiar a la hora de encargarle misas, por lo que el obispo sospechaba. Beausejour ordenó a Saunière que compareciera ante él el 16 de julio de 1910, pero este no se presentó. Lo citó nuevamente para el 23 de julio y tampoco acudió. El 15 de octubre, envió a su abogado, el canónigo Huguet. El 5 de noviembre se le condenó a diez días en una casa de retiro para realizar ejercicios espirituales, junto con la orden de entregar los libros contables en el plazo de un mes. Ni caso.

El 30 de diciembre, de nuevo, le citaron para que compareciera el 9 de enero de 1911. Al verle las orejas al lobo Saunière recurrió a Roma y solicitó un aplazamiento debido a su delicado estado de salud. El vaticano aceptó a cambio de que mandara por correo lo que el obispo le solicitaba.

El 5 de diciembre de 1911, se dictó sentencia: Bérenger Saunière fue declarado culpable de dilapidación y sustracción de los fondos de los que era depositario. Fue condenado, en rebeldía y sin posibilidad de apelación, a una suspensión *a divinis* —exclusión de todo trabajo pastoral con los fieles, prohibición de celebrar públicamente la eucaristía y la predicación a del catolicismo, así como la confesión—. Inicialmente, sería de tres meses, pero se prolongaría hasta que devolviera las cantidades defraudadas.

En noviembre de 1911, la economía de Saunière era tan lamentable que le pidió a su abogado que vendiera sus propiedades en Rennes y le buscara un lugar más modesto donde vivir. No logró venderlas ni obtener un préstamo bancario. Empobrecido, murió el 22 de enero de 1917, a los 64 años. Su heredera, la cocinera y gobernanta Marie Denarnaud, tuvo que vender gran parte de los legados para saldar las deudas que dejó a su muerte.

¿Dónde tiene cabida la fantástica historia de los pergaminos que parecen referirse a un secreto que la Iglesia tenía interés en silenciar? ¿Cuál era ese secreto? Es lógico preguntarse cuál era el contenido de esos documentos que trajeron la fortuna al antes paupérrimo párroco rural. La respuesta depende del pseudohistoriador que leas: para unos, el párroco encontró un tesoro, para otros descubrió unos

Este medallón que se conserva en la iglesia medieval de Rennes-le-Château ha sido vinculado al simbolismo rosacruz y masónico, incluso, con los templarios.

textos que revelaban que María Magdalena y Jesús fueron padres, incluso los hay que dicen que allí estaban las claves para encontrar la tumba de Jesucristo. Pero, viendo cómo actuó la Iglesia con Saunière, no parece que ese increíble secreto le preocupara en demasía. No solo no movieron un dedo para ayudarle ante el acoso del obispo De Beausejour, sino que lo condenaron. Y si encontró un tesoro, ¿por qué murió totalmente arruinado?

# El misterio de la Esfinge

**Es uno de los restos arqueológicos más estudiados del mundo, aunque aún no hay consenso en cuanto a dos puntos clave: cuándo fue esculpida y a quién representa su rostro.**

En junio de 2002, se celebraba en la pequeña República de San Marino el tercer Simposio Mundial sobre los Orígenes Perdidos de la Civilización. No era una reunión científica al uso, pues a la mayoría de los ponentes se les podría catalogar, siendo generosos, como investigadores alternativos. Entre ellos, se encontraba Robert Schoch, geólogo y profesor asociado de Ciencias en el College of General Studies de la Universidad de Boston (EE. UU.). Experto en Paleontología, en 1991, había presentado los resultados de su investigación sobre la Gran Esfinge de Guiza en la reunión anual de la Sociedad Geológica Americana. Estudiando las fisuras que se pueden observar en la base del monumento, concluyó que las había hecho el agua de lluvia. Incluso afirmó que los dos templos que están junto a ella, el de la Esfinge y el del Valle, eran de la misma época. Schoch colocaba su origen en el Neolítico, cuando supuestamente lo único que había eran tribus de cazadores-recolectores que empezaban a practicar la agricultura.

La Esfinge mide veinte metros de altura por catorce de ancho y setenta de largo. Con semejantes dimensiones, no es de extrañar que sea el icono en que se ha convertido. Es uno de los restos arqueólogicos más estudiados y mejor analizados del mundo. Pero, a pesar de todo, encierra muchas incógnitas. Comenzando por su cara. Tradicionalmente, se ha atribuido a Jafra –Kefrén–, aunque algunos autores empiezan a sospechar que puede tratarse de Jufu –Keops–, por su parecido fisonómico. El problema es que quedan muy pocas imágenes de los reyes del Imperio Antiguo.

Otros señalan que hay que fijarse en los tocados ceremoniales: el nemes de la cabeza tiene la forma más antigua, la plisada, algo que sería normal a partir del sucesor de Keops, Redjedef –Dyedefre–, un rey que gobernó menos de diez años y decidió construir su tumba en Abu Rowash, al norte de Guiza. Por otra parte, la ausencia de barba ceremonial, algo típico de Keops, es uno de los argumentos expuestos a favor de este. Sin embargo, la escasez de imágenes de Keops impide afirmar que nunca se le representara sin ella. Schoch aporta al debate su propio granito de arena al acudir a un forense retirado de la policía de Nueva York, Frank Domingo, para confirmar lo que los egiptólogos ya sabían: que las representaciones de Kefrén no coinciden con la de la Esfinge. Incluso, Schoch asegura que se construyó antes del reinado de Kefrén.

La planicie de Guiza hay que entenderla como lo que es: un complejo funerario que comprende templos, pirámides y la esfinge. De hecho, muchas de las rocas del Templo de la Esfinge provienen de la propia esfinge y, salvo los añadidos posteriores, toda ella fue tallada en la misma fecha. Para salvar este inconveniente, Schoch argumenta que la cabeza fue usurpada por Kefrén: talló su cabeza encima de la anterior, eso explicaría por qué es anormalmente pequeña comparada con el resto cuerpo. Quizá podría ser así, pero es que hay una pequeña cuestión de ingeniería: la Esfinge se esculpió con el material donde se encuentra, y la calidad de este varía en función del estrato geológico. El de la cara es de mayor resistencia que el resto, lo que explica porqué no solo la cabeza es más pequeña, sino que el cuerpo

Horus era un dios celeste, considerado el iniciador de la civilización egipcia. Los textos antiguos señalan que está representado en la Esfinge. Se le han dedicado multitud de templos en la tierra del Nilo, como el de Edfu (en la imagen).

sea también anormalmente largo: la roca con la que se hizo era de peor calidad.

Por lo demás, la idea de que la erosión al pie de la esfinge fue producida por el agua no se le ocurrió realmente a Schoch. Venía mascándose de tiempo atrás, de la mano de un egiptólogo independiente, John Anthony West, que armó un peculiar pastiche: por un lado, los escritos del ocultista francés René Schwaller de Lubicz, que en los años treinta popularizó la idea de que existía una especie de geometría sagrada oculta en la estructura de los templos egipcios; por otro, las visiones del vidente norteamericano Edgar Cayce sobre los atlantes que supuestamente construyeron la Esfinge y ocultaron documentos en una misteriosa Cámara de los Archivos.

En 1991, Thomas Dobecki, un geofísico enamorado de las ideas de West, realizó una serie de mediciones sísmicas, que dio como resultado lo que estaban buscando: las fisuras de la Esfinge eran producto del agua de lluvia. Otros geólogos, como Colin Reader, apoyan esta visión de Schoch, aunque empujan la construcción de la esfinge, o parte de ella, solo unos cuantos siglos atrás, no milenios. Sin embargo, las formas de la roca que se achacan a erosión

Según la teoría de la correlación de Orión, formulada por el egiptólogo pseudocientífico Robert Bauval, las tres grandes pirámides de Guiza representan las tres estrellas del cinturón de Orión: Zeta, Epsilón y Delta Orionis.

por lluvia no solo se producen de ese modo. Además, si la erosión por agua de lluvia se produjo hace siete mil años y la erosión del viento hace cuatro mil quinientos, ¿por qué no ha borrado el último las huellas de la primera?

La otra andanada de argumentos sobre una civilización anterior a la egipcia y responsable de los monumentos de Guiza ha venido de la mano de un excorresponsal del *The Guardian* en África llamado Graham Hancock y un ingeniero de origen belga nacido en El Cairo, Robert Bauval. En 1983, Bauval exponía en su libro *El misterio de Orión* lo que bautizó como teoría de la correlación de Orión: las tres grandes pirámides de Guiza representan las tres estrellas situadas en el cinturón de Orión, Zeta, Epsilon y Delta Orionis. En principio, no hay nada extraño en eso.

La propia Esfinge, según los textos egipcios, representa a Horus en el horizonte –Horemakhet– y es la personificación divina del sol naciente. Por ello, está alineada al este. Es más, en los años sesenta, el egiptólogo Alexander Badawi y la astrónoma Virgina Trimble encontraron que los conductos que salen de la Cámara del Rey de la Pirámide de Keops apuntan: el sur hacia el cinturón de Orión y el norte a Thuban (Alpha Draconis), la estrella polar durante la Era de la Pirámides. Esto es así porque el eje terrestre, que está inclinado 23,5°, no está fijo en el espacio, sino que describe una circunferencia, como el eje de una peonza. Este movimiento, que se llama precesión y dura veinticinco mil ochocientos años, es el responsable de que el polo norte celeste no se mantenga fijo en el cielo.

Estos descubrimientos coinciden con lo que conocemos de la astronomía y religión egipcias, pero Bauval primero y Hancock después elevan el listón y afirman que las pirámides, la Esfinge y el Nilo recrean parte del cielo. Si las pirámides son el cinturón de Orión, la Esfinge es la constelación de Leo y el Nilo, la Vía Láctea. Ahora bien, si la Esfinge apunta al lugar por donde sale el Sol el día del equinoccio de primavera y, además, representa la constelación de Leo, ¿cuándo estuvo el equinoccio invernal en la constelación de Leo? Con un programa de ordenador, descubrieron que no fue en 2500 a. C. –que estaba en Tauro–, sino en 10500 a. C. ¡Qué sorpresa! ¡La época de la Cámara de los Archivos de Cayce! Todo empezó a cuadrar... aunque no mucho. La constelación de Leo llegó a Egipto a través de los griegos, que a su vez fueron influidos por los babilonios, cuya primera mención a tal constelación data de 1000 a. C. Por otro lado, si realmente estaban intentado reproducir el cielo, lo hicieron bastante mal: en el cielo, Orión está al este de la Vía Láctea, Leo está al este, al otro lado del Nilo celeste, y de cara a Orión. En Guiza, la Esfinge está del mismo lado que las pirámides, al oeste del Nilo, y da la espalda al cinturón de Orión terrestre. En resumen, que la gran escultura mitológica está en el lado equivocado y en el sentido contrario.

Por mucho que invoquen una conspiración académica, los egiptólogos no aceptan estos resultados por cuestiones evidentes. Primero, porque literalmente se olvidan de todo el complejo funerario que es Guiza. Encima, en ningún papiro egipcio se encuentra ni una sola referencia a un culto estelar que no sea el solar. Y lo más importante: ¿dónde están los restos de esa antiquísima y sapientísima civilización? Porque algo más que tres pirámides y una bendita esfinge deberían haber dejado.

# El mapa de Piri Reis

**En 1929 apareció en el palacio de Topkapi, en Estambul, un fragmento de un mapamundi de 1513 en el que figura la Antártida, por entonces sin descubrir. ¿Cómo era eso posible?**

Ahmed Ibn al-Hayy, más conocido como Piri Reis, nació en Gallipoli (Turquía) hacia 1470. De familia de marinos, participó en expediciones militares turcas a las costas magrebíes, España, Francia e Italia. Fue un avezado navegante y sabía griego, italiano, español y portugués. Asentado en su ciudad natal, se dedicó a escribir sobre barcos y cartografía, y completó el *Libro de los mares* (1521), que incluía comentarios sobre los descubrimientos geográficos lusos e hispanos. En 1547 Solimán I el Magnífico lo nombró almirante de la flota otomana de Egipto y la India, que patrullaba el mar Rojo y el Índico. Fracasó en una expedición contra las posiciones portuguesas en Arabia y el golfo Pérsico, huyó y fue ejecutado en El Cairo en 1553 por orden de Solimán.

Del mapamundi de Piri Reis, fechado en 1513, ha sobrevivido una parte, casi la mitad (se perdió la zona de Europa, Asia y el océano Índico). Está a medio camino entre el portulano y el objeto de lujo, por su calidad estética y la inclusión de textos descriptivos de las tierras y circunstancias de su descubrimiento. Se pintó sobre cuero de gacela, con un entramado de líneas que atraviesan el océano Atlántico, que aparece en colores entre las partes adyacentes de América y casi toda la costa occidental africana a su derecha. En el mapa figura que las Antillas fueron descubiertas en 1490-1 por «un infiel genovés, cuyo nombre era Colombo», y que para confeccionarlo había consultado multitud de fuentes, entre otras «el mapa que Colombo dibujó de la región occidental» y que consiguió de un marino español que había viajado con el descubridor y que había sido hecho esclavo por Kemāl Reīs, tío de Piri Reis.

Recreación del mapa de Piri Reis, que constituye uno de los grandes enigmas de la cartografía histórica.

En 1931 el orientalista Paul Kahle presentó el mapamundi, que fue olvidado hasta que en 1954 un tal profesor Afetinan publicó en Ankara la monografía *El mapa más antiguo de América* dibujado por Piri Reis. Dos años más tarde un oficial de la marina turca entregó una copia a la Oficina Hidrográfica de la Armada de los Estados Unidos y empezó la leyenda. El mapa cayó en manos del capitán Mallery, obsesionado por demostrar que Norteamérica había sido colonizada por celtas y vikingos. De su análisis concluyó que aparecía la línea costera de la Tierra de la Reina Maud en la Antártida, pero sin la capa de hielo. Pensó que Reis tuvo que haber usado mapas muy antiguos, hoy perdidos, ¡trazados antes de que el manto helado cubriera el continente!

Mallery convenció al jesuita Daniel Linehan, exdirector de un laboratorio de investigación geofísica y sismológica. En 1956, Lineham y Mallery contaron su historia en la radio y llegó a oídos del profesor de Historia de la Ciencia Charles Hapgood, que llevaba años trabajando en la hipótesis de que el desplazamiento de los polos causaba las eras glaciares. El hallazgo de un mapa con la Antártida sin hielo le venía como anillo al dedo. En 1958 publicó el libro *Earth's Shifting Crust* (El desplazamiento de la corteza terrestre), y en 1966 *Maps of the Ancient Sea Kings*, según el cual hace doce mil años existió una civilización muy avanzada que cartografió todo el planeta y que fue destruida por uno de esos movimientos polares. Solo quedaron unos mapas que se copiaron una y otra vez durante cientos de años. El cartógrafo Harold Ohlmeyer secundó sus ideas sobre el de Piri Reis: «El detalle de la parte inferior coincide de modo asombroso con el perfil sísmico trazado por la expedición sueco-británica a la Antártida en 1949». Luego el mito fue a más e inspiró a los franceses Pauwels y Bergier para su libro de 1960 *El retorno de los brujos* y en 1968 a Erich von Däniken, que usó el mapa de Reis como prueba de su teoría de los antiguos astronautas. Incluso el escritor británico Graham Hancock mezcló sin despeinarse a Piri Reis con las pirámides de Egipto y la mitología maya.

La «extrema exactitud» del mapa de Piri Reis, imposible para los cartógrafos del siglo XVI que desconocían, entre otras cosas, la longitud, no es tal cuando se examina de cerca. Cierto es que acierta con la posición relativa de África y Sudamérica, pero las islas del Caribe no coinciden en nada con la realidad. Allí, por ejemplo, sitúa una gran isla rectangular, orientada en sentido norte-sur, que no existe. Hapgood hizo una buena purga y eliminó muchos errores. Dividió el mapa en cuatro partes: la A corresponde a la parte oriental; la B a Centroamérica y el Caribe; la C a la costa de Brasil y la D a la zona donde Piri Reis dibujó una cadena montañosa que Hapgood identificó con los Andes. Luego desplazó, rotó y cambió de escala cada parte para que coincidiera con los accidentes geográficos reales. Pese a tanto retoque, la exactitud brilla por su ausencia: el mismo Hapgood reconoce que en el mapa se han perdido 25° de latitud, no aparecen ni el Orinoco ni el Río de la Plata, el Amazonas figura dos veces y el Pacífico ha desaparecido.

¿Y la Antártida? Desde los griegos se pensaba que existía un continente muy al sur, la *Terra Australis Incognita*, que solía aparecer en los mapas europeos a partir del siglo XV. Pero es una Antártida extraña, unida a Sudamérica y está demasiado al norte. Para encajar a Piri Reis con el mapa de la expedición sismológica de 1949, Ohlmeyer tuvo que levantar el nivel del mar doscientos metros. Y luego, el error más grave de Hapgood y Ohlmeyer: presuponer que el perfil de una Antártida desnuda era similar al que tiene con treinta millones de kilómetros cúbicos de hielo encima:

si desapareciera ese peso, el continente ascendería unos seiscientos metros y mostraría un perfil muy distinto. Y por supuesto: la última vez que la Antártida estuvo libre de hielo no fue hace doce mil años, sino hace trece millones.

# HERMANOS DEL COSMOS

Para muchos antropólogos y sociólogos, el movimiento ovni se ha convertido en una auténtica religión. Se percibe en las declaraciones de los contactados, que describen experiencias casi místicas y conversaciones en sueños y telepáticas con seres de otros mundos. Algunos parecen una versión futurista de los ángeles; otros, demonios que se dedican a secuestrar personas para someterlas a crueles experimentos. Del mismo modo, aunque no existe ni una evidencia física directa e irrebatible de su existencia –todo son supuestos rastros de aterrizaje, borrosas filmaciones y fotografías, incluso en un momento en el que hay cámaras y sensores por todas partes–, quienes creen en ellos no las necesitan.

Sin embargo, al tratarse de una fe nacida en el seno de una civilización tecnológica, sus fieles buscan una reafirmación científica, esto es, necesitan demostrarla. De ahí que una legión de ufólogos destinen gran parte de su tiempo y dinero a investigar casos, entrevistar a testigos, buscar rastros de su existencia… Así llevan más de setenta años, pero las pruebas fehacientes siguen evitándolos.

El fenómeno ovni, como tal, no existe, pues es imposible definir un patrón que permita caracterizarlo. Unas veces produce detecciones en los radares, pero otras no; en ocasiones, se trata de luces en el cielo, y en otras, de objetos sólidos; en ciertos casos parece

Los avistamientos de ovnis pueden deberse a multitud de fenómenos atmosféricos poco conocidos, pero perfectamente naturales, desde masas gaseosas incandescentes hasta rayos globulares.

violar todas las leyes de la física, pero hay veces que un simple rayo acaba con él. Esa falta de definición hace que en el saco de los ovnis se metan todas aquellas experiencias que, a nuestro juicio —y esto es importante remarcarlo—, tienen pinta de ser naves extraterrestres. Una pinta que fue dibujada por la ciencia ficción y luego pulida, modificada y ampliada por quienes viven en el mito. ¿Pero por qué sucedió así y no de otro modo? Esa es la gran pregunta. Y es imposible saber la respuesta.

# Ovnis, un mito tecnológico

**Para algunos expertos, la creencia en los ovnis, entendidos como vehículos extraterrestres, se asemeja, en el fondo, a un credo religioso, pero adaptado al mundo actual.**

Aurora, Texas, 19 de abril de 1897. El periódico *Dallas Morning News* publica la siguiente noticia: «Alrededor de las seis de esta mañana, los madrugadores de la texana ciudad de Aurora se sorprendieron por la aparición repentina de una nave que había estado sobrevolando la zona. [...] Cuando llegó a la parte norte de la ciudad, chocó con la torre del molino del juez Proctor y se hizo pedazos tras una violenta explosión». En el vehículo —hecho con un metal desconocido parecido a una mezcla de aluminio y plata— solo viajaba un piloto que no tenía aspecto humano —un oficial aseguró sin dudarlo que provenía de Marte—. Los documentos que poseía eran indescifrables. El pueblo celebró el funeral al día siguiente y Aurora se convirtió así en la única ciudad que tiene un marciano en su cementerio.

Isla Decepción, Antártida, 3 de julio de 1965. Este día es el punto álgido de una serie de observaciones de objetos luminosos en el cielo que habían comenzado el 7 de junio. Catorce miembros de la base argentina Decepción y tres suboficiales de la base chilena que estaban de visita ven una luz de aspecto cambiante, de circular a lenticular, con los bordes borrosos y un halo de colores. Se detiene, fulgura, desaparece y aparece…

Norte del estado de Nueva York, 26 de diciembre de 1985. El escritor Whitley Strieber se encuentra en su cabaña preparando una novela. Esa noche se despierta tras escuchar un ruido, y entre las

Las estelas que dejan los lanzamientos de cohetes, como este de SpaceX, captado sobre Fénix (Arizona), pueden confundir a algunos observadores, que los toman por naves alienígenas.

sombras ve un pequeño ser que se acerca a la cama. De repente, llega la mañana. Se siente desorientado y agresivo. Incapaz de entender por qué, se somete a hipnosis regresiva. Así, descubre que unas criaturas lo habían secuestrado. En 1987 publicó lo sucedido en *Communion*, un superventas considerado el paradigma de las abducciones extraterrestres.

Norte de Francia y Alemania, 5 de noviembre de 1990. El capitán de un Boeing 737 de la British Airways informa haber visto un disco plateado con tres puntos de luz en forma de flecha y una cuarta luz detrás durante un vuelo nocturno. «El radar en tierra no pudo captarlo, así que debía viajar a una velocidad increíble», relató. Esa noche, otro piloto notifica el avistamiento de dos luces brillantes sobre el mar del Norte.

Auditorio del Museo de Londres, mayo de 1995. Un centenar de personas asiste a la proyección de una cinta de veinte minutos en la que se ve a unos médicos practicando una necropsia a lo que parece el cadáver de un alienígena.

Cada uno de estos casos muestra una cara del fenómeno ovni. Pero ese es, precisamente, el problema: la disparidad de lo que los ufólogos engloban bajo el mismo nombre. ¿Qué tienen en común unas luces en el cielo con el rapto de una persona por unos humanoides?

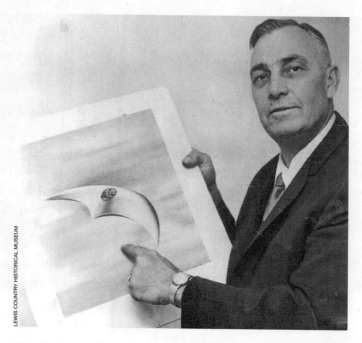

El piloto Kenneth Arnold muestra una recreación de uno de los objetos con los que dijo toparse en un vuelo en 1947, y que los medios denominaron platillos voladores.

Ciertamente, nada. Son nuestras propias preconcepciones sobre los supuestos extraterrestres las que nos hacen ver una relación que no existe. En todo caso, si la hubiera, debería demostrarse.

Este mito moderno se forjó en EE. UU., poco después de que el piloto Kenneth Arnold viera el 24 de junio de 1947 nueve objetos con forma de luna creciente que se movían a gran velocidad, «como si fueran platos lanzados contra el agua». Eso fue lo que dijo Arnold, pero alguien en un periódico confundió la descripción del vuelo con la forma del objeto. Así nacieron los platillos volantes. En los meses siguientes, multitud de testigos empezaron a verlos. Solo entre Canadá y EE. UU. hubo más de ochocientos casos. Como se pregunta con ironía el ufólogo Martin Kottmeyer, ¿cuál es la razón por la que los alienígenas rediseñaron sus naves para adaptarse al error de un periodista?

También podemos preguntarnos por qué se identificaron esos objetos con naves extraterrestres. La respuesta la tenemos en las revistas pulp de los años treinta, unas publicaciones pobladas de marcianos y naves espaciales. Una de ellas era *Amazing Stories*, dirigida por Raymond A. Palmer, a quien el historiador Curtis Peebles denomina «el hombre que inventó los platillos volantes». Convencido del potencial de la historia de Arnold, Palmer le pidió que escribiera un artículo sobre lo que vio. Arnold aceptó y su texto se publicó, aunque muy retocado por Palmer. El caso es que su labor propagandística dio sus frutos, y en los años siguientes cualquier cosa que se observara en el cielo rápidamente se identificaba con una nave extraterrestre.

El mito fue evolucionando y cinco años después esas naves empezaron a aterrizar y sus ocupantes decidieron comunicarse con los seres humanos. De ese modo se tuvo noticia de los «contactados». De todos ellos destaca el primero, llamado George Adamski, que en 1952 dijo haber tenido una charla telepática con un humanoide de larga melena rubia y piel clara procedente de Venus.

Al mismo tiempo, se fue forjando la otra gran historia asociada a los platillos volantes: la conspiración gubernamental. En este caso, el gran promotor fue Donald Keyhoe, un piloto de la marina retirado. Por esa época era un reconocido autor de historias de ciencia ficción. Su salto a la fama lo dio al publicar en la revista *True* el artículo *The flying saucers are real*. Fue tal su impacto mediático que lo convirtió en un libro con el mismo título. En él, defendía que la Fuerza Aérea sabía que los platillos volantes eran naves extraterrestres, pero que sistemáticamente lo negaba para que la gente no entrara en pánico, un argumento que los ufólogos alimentan desde entonces. Ahora bien, nada indica que fuese a ser así. De hecho, en una encuesta de la revista *Muy Interesante*, el 40 % de los tres mil quinientos entrevistados contestó que el descubrimiento de la existencia de extraterrestres cambiaría poco o nada su visión del mundo. Solo un 8 % pensaba que lo haría en gran medida. Y es difícil que entres en pánico si no te resulta impactante saber de la existencia de ET.

Con el paso de los años, los aliens pasaron de ser seres bondadosos, preocupados por el uso de nuestras armas atómicas, a despiadados secuestradores capaces de emular las barbaridades del médico nazi Josef Mengele. Además, empezaron a buscar la forma de hibridarse con nosotros a través de infames experimentos o relaciones sexuales. También cambiaron de aspecto: de altos y rubios se convirtieron en enanos grises de ojos como platos. Resulta más creíble lucir un aspecto repulsivo si vas a cometer atrocidades.

La conspiración siguió subiendo de tono, y a finales de los setenta los ufólogos revelaron que el Gobierno estadounidense tenía en su poder una nave extraterrestre con sus tripulantes muertos. Hubo incluso quien aseguró que había acordado permitir a los aliens secuestrar a algunos de sus compatriotas a cambio de tecnología.

El mito ovni se ha ido engrandeciendo con el tiempo y ha incorporado todos nuestros terrores, pero unir luces en el cielo con aberrantes experimentos tiene su origen en nuestro cerebro y no en que se haya demostrado una correlación entre ambas historias. De hecho, se siguen viendo tales luces ahora, y todavía no se ha podido certificar que tengan un origen inteligente. Nosotros les atribuimos tal comportamiento porque culturalmente hemos asimilado que son naves extraterrestres. Eso sucedió en el citado caso de los pilotos de la British Airways. Lo que vieron fue la reentrada de un cohete, pero creyeron otra cosa.

Lo que ocurre es que cada episodio es distinto del anterior. Sin un patrón subyacente, todo apunta a que estamos ante una mezcla de cosas de diferente origen, y la mayoría de ellas perfectamente explicables por causas naturales. Más del 97 % se deben a una confusión con un planeta, una estrella, un meteorito... Es ese pequeño residuo inexplicado, que no inexplicable, lo que nos lleva a otro de los errores de la ufología: creer que, como no se ha encontrado una explicación natural, entonces es una nave.

Pero ¿por qué debemos aceptar que es eso y no seres fantásticos, como hadas? Es más, ¿por qué nos parece más creíble que nos digan que es un vehículo espacial en vez de una de ellas? La respuesta es que vivimos inmersos en el mencionado mito ovni. De hecho, desde mediados del siglo pasado todo lo misterioso se interpreta en clave alien, desde la construcción de las pirámides hasta las presencias extrañas en los dormitorios.

Por eso, en las últimas cuatro décadas el interés por este tema ha recaído sobre todo en las ciencias sociales. Se han convocado numerosos coloquios y congresos y se han publicado infinidad de artículos y libros en los que se analizan desde las cuestiones psicológicas relacionadas con las abducciones hasta el conjunto de la subcultura ufológica, pues es innegable que esta posee todas las características de una religión.

# El incidente Roswell

**Aunque nunca ha podido probarse que el episodio más célebre de la ufología ocurriera en realidad, miles de personas creen que en 1947 el Gobierno de EE. UU. se apoderó de una nave alienígena.**

En octubre y noviembre de 1949, Frank Scully, un periodista de la revista *Variety*, publicó dos columnas donde contaba la historia de un platillo estrellado en Aztec (Nuevo México) del que el Gobierno habría recuperado los cadáveres de varios extraterrestres. Nadie le tomó en serio. Treinta años después, tiempo suficiente para que una leyenda se convierta en verdad, apareció el libro *The Roswell Incident* —en España se tituló *El incidente*—, escrito por Charles Berlitz y William L. Moore. En él resucitan la historia de Scully y afirman que un aparato alienígena cayó en el desierto de Nuevo México en julio de 1947.

Esto es lo que dicen que ocurrió. Entre las 21:45 y las 21:50 del 2 de julio, un objeto brillante pasó por encima de Roswell a gran velocidad. A unos ciento veinticinco kilómetros al noroeste, la nave tropezó con una terrible tormenta eléctrica y realizó una corrección en su rumbo hacia el sudsudoeste, pero no pudo evitar ser alcanzada por un rayo y sufrió graves desperfectos. El platillo logró remontar las montañas, pero se estrelló al oeste de Socorro, en los Llanos de San Agustín.

Parte de los restos cayeron en el rancho de William W. Brazel, que los descubrió a la mañana siguiente. Incomprensiblemente, no les dio importancia. Dos días después, mientras se encontraba en Corona, escuchó que se habían avistado platillos volantes en la zona.

Brazel pensó que los residuos esparcidos por sus tierras podían tener alguna relación y volvió al lugar. Al día siguiente, se dirigió a la oficina del comisario que, a su vez, llamó al oficial de inteligencia Jesse Marcel, de la base del Grupo de Bombarderos 509, cercana a Roswell.

Marcel se entrevistó con Brazel y marcharon hacia el lugar del suceso, a unos cien kilómetros de la base. Cuando regresaron, la tarde del 7 de julio, la historia de que habían encontrado un platillo

Se dice que, entre los restos del aparato extraterrestre estrellado, los militares habrían encontrado los cadáveres de sus tripulantes y, quizá, a alguno con vida.

volante les había precedido. Walter Haut, un joven oficial de relaciones públicas, difundió a la mañana siguiente una nota de prensa donde se aseguraba que la Fuerza Aérea había recuperado los restos de un disco volador. El coronel Blanchard, que comandaba el puesto, recibió la orden de empaquetar los restos y enviarlos en un B-29 a la base de la Fuerza Aérea de Carswell (Texas) para examinarlos, antes de que fueran trasladados a la de Wright-Patterson (Ohio), sede de la inteligencia aérea.

Blanchard envió a Marcel con ellos. Mientras, el general de brigada Roger Ramey, de la base de Carswell, corrigió el comunicado y aseguró que lo que se había recuperado era un globo meteorológico. Ramey permitió a la prensa fotografiar varias piezas en su despacho. Más tarde, se sustituyeron por otras y se les hicieron más fotos, pero las auténticas iban camino de Wright-Patterson.

Dio la casualidad que cerca de donde supuestamente se había estrellado la nave, a doscientos kilómetros del rancho de Brazel, el ingeniero de caminos Barney Barnett tenía previsto realizar un trabajo de exploración a la mañana siguiente del accidente. Mientras miraba extrañado el aparato siniestrado vio los cadáveres de los ocupantes, pero enseguida llegó un camión del ejército y un oficial le conminó a marcharse y guardar silencio. Ahora bien, esta parte de la historia

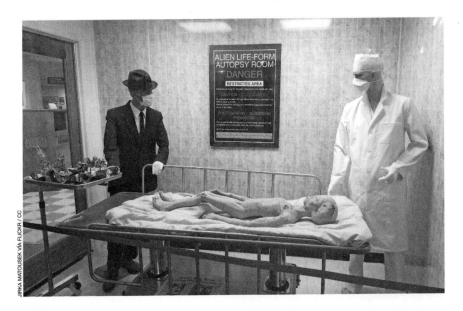

Recreación del cadáver de un alien, en el International UFO Museum & Research Center de Roswell.

no la contó Barnett, que murió en 1969, sino unos amigos suyos que dicen que Barnett se la había relatado.

El caso no acaba aquí. Años después de la publicación de aquel libro, entraron en acción otros dos ufólogos, Kevin Randle y Don Schmitt, que en 1991 publicaron *UFO Crash at Roswell*. Su investigación dio con nuevos testigos del incidente y, a partir de sus testimonios –y grandes dosis de capacidad deductiva–, se dieron cuenta de que el platillo no se había estrellado en los Llanos de San Agustín, sino en el propio rancho de Brazel, no lejos de donde había hallado los restos. De hecho, además de la nave, se habrían hallado los cuerpos de cuatro aliens.

Pero, claro, si una historia era cierta, la otra tenía que ser falsa. Para arreglar las cosas, otros dos ufólogos, Stanton Friedman y Don Berliner, publicaron a mediados de 1992 el fruto de sus estudios: *Crash at Corona*. Estos ufólogos resolvieron que, en realidad, se habían estrellado dos ingenios. En el del rancho de Brazel se encontraron cuatro extraterrestres muertos y en la de los Llanos había tres muertos y uno vivo.

Al año siguiente apareció una nueva obra, titulada *The Truth About the UFO Crash at Roswell*, escrita por Randle y Schmitt, que contradice su anterior trabajo. Según explican, a la luz de «sólidos

En 1947, se anunció el hallazgo de los restos de una nave extraterrestre estrellada en Nuevo México, pero en realidad podrían haber pertenecido a un globo del proyecto de espionaje Mogul, impulsado por EE. UU.

THE UNIVERSITY OF TEXAS AT ARLINGTON

testimonios de testigos oculares y cierta interesante documentación», el accidente no se produjo el 2 de julio, sino el día 4 de ese mes. Además, el platillo y sus ocupantes no fueron hallados en el rancho de Brazel, sino 50 kilómetros al sur, muy cerca de Roswell. Lo más curioso no es que tengamos cuatro escenarios distintos para este caso, sino que cada vez que un ufólogo se pone a investigarlo van apareciendo más testigos que estaban dando una vuelta por el desierto ese día.

A mediados de 1994, la organización ufológica Fund for UFO Research publicó un informe de ciento ochenta y nueve páginas titulado *Roswell In Perspective*. Tras dos años de investigaciones, su autor, Karl Pflock, sostiene que «el material encontrado –en el rancho de Brazel– eran los restos de un gran globo del proyecto Mogul, catalogado como Alto Secreto». Más de medio siglo después, desde el mundo ufológico se atribuía el incidente a un globo que transportaba material confidencial.

¿Cómo eran los restos que se descubrieron en la propiedad de Brazel? En 1994, la única persona viva que realmente los había tenido entre sus manos era la hija del ranchero, Bessie Schreiber. En una declaración jurada contó lo que vio cuando tenía catorce años: «Parecían trozos de un gran globo que hubiera ardido [...] Era un tipo de material de doble cara. Por un lado, como láminas de metal; por el otro, como caucho [...] Había varillas como de cometa, donde estaban pegados algunos de los trozos con una cinta blanquecina».

Cuando le enseñaron las fotos que se habían hecho en la oficina de Ramey, Bessie contestó que las piezas eran similares a las que habían recogido. Eso no sentó bien a los ufólogos: unos dijeron abiertamente que mentía; otros, más comedidos, que la niña se equivocó y creyó ver un globo cuando en realidad era una nave extraterrestre.

Ahora bien, la prueba de que en Roswell no se estrelló nada de otro mundo es que no existe ni un documento que apoye toda esta historia. Todos los memorandos secretos de entonces, hoy desclasificados gracias al Acta de Libertad de Información, lo demuestran. Por ejemplo, el 23 de septiembre de 1947 el teniente general Nathan Twining escribió una carta clasificada como secreta al Mando de Inteligencia Técnica del Aire. En ella señala que hay «una ausencia de pruebas físicas en la forma de restos recuperados de un siniestro que probara sin duda la existencia de tales objetos». Démonos cuenta del detalle: fue escrita tres meses después del hipotético accidente por el comandante en jefe de la base de Wright-Patterson, el lugar a donde supuestamente habían enviado el platillo volante. ¿Cómo podía desconocer que guardaba uno? En algunos documentos secretos de la década de 1950 de la Fuerza Aérea, la CIA y el Consejo de Seguridad Nacional estadounidense se especula sobre lo que pueden ser los ovnis, algo que no tiene sentido si hubieran tenido una nave en su poder.

El golpe de gracia llegó en 1994. Por un lado, según un estudio de la Fuerza Aérea, lo que encontró Brazel fueron los restos de un globo que transportaba reflectores de radar e instrumental del citado proyecto Mogul. Este tenía por objeto captar posibles detonaciones nucleares realizadas por los soviéticos. Más demoledora fue la investigación que el congresista por Nuevo México Steven Schiff pidió al Tribunal General de Cuentas (GAO), que tiene capacidad para acceder a cualquier documento oficial sea cual fuere su grado de clasificación. Aquel fue el rastreo más exhaustivo jamás realizado sobre el caso Roswell. A mediados de 1995, el GAO dictaminó no haber encontrado informes que hicieran referencia al caso. No existen tales archivos, aunque, para muchos ufólogos, ello no sea más que otra vuelta de tuerca de una conspiración gubernamental.

# Manises

**Uno de los encuentros con ovnis más famosos de España tuvo lugar en 1979, cuando un avión de pasajeros se vio obligado a llevar a cabo un aterrizaje de emergencia en el aeropuerto de Valencia por culpa de un encontronazo con un objeto desconocido.**

El 11 de noviembre de 1979, el vuelo JK-297, un Super-Caravelle de la compañía TAE que viajaba de Palma de Mallorca a Tenerife, tuvo que realizar un aterrizaje de emergencia en el aeropuerto de Manises (Valencia) al creerse perseguido por unos objetos luminosos. Tiempo después, un Mirage F1 del Ejército del Aire despegó de la base aérea de Los Llanos (Albacete) en busca de esos misteriosos objetos, y durante cerca de dos horas estuvo intentando darles caza en vano. Mientras, en Manises, varios testigos aseguraron haber visto extrañas luces en el cielo.

El incidente Manises, complejo donde los haya, es la joya de la corona de la ufología española, que defiende con uñas y dientes que lo que realmente se vio aquella noche en el cielo de Valencia fue lo más similar a una nave extraterrestre que podemos encontrar. Además, los testigos son impecables: los pilotos del avión comercial, el del avión de caza –profesionales experimentados–, el personal de tierra del aeropuerto y el de la base de Manises. Parece el caso perfecto.

No obstante, el incidente es un excelente ejemplo para entender los problemas que se presentan cuando se estudia algo así y las preconcepciones que funcionan en nuestro cerebro y que condicionan la interpretación de este fenómeno.

Dado el volumen existente de casos de ovnis, resulta asombrosa la falta de pruebas físicas directas. Esto hace que los investigadores deban conformarse con los testimonios de los testigos. Pero ¿hasta qué punto son certeros? Esto no quiere decir que debamos desconfiar de ellos, sino que es preciso preguntarse si su descripción de los hechos se corresponde con lo que vieron. Y no es fácil determinarlo. Varios estudios han demostrado que somos incapaces de recordar con exactitud lo que hemos visto transcurridos noventa segundos y que alteramos nuestros recuerdos simplemente por la forma en que nos preguntamos por ellos.

SHUTTERSTOCK

Un Mirage F1 de la base de los Llanos como este, siguió unas luces.

En Manises, tenemos en realidad tres casos. Primero, el de la tripulación del vuelo JK-297, que describió dos pequeñas luces rojas, sin cuerpo visible, separadas entre sí, que los seguían. No se sabe bien por qué, pero en cierto momento el comandante se convenció de que se encontraban a unos trescientos metros e, incómodo, decidió tomar tierra en Valencia.

Segundo, el del piloto de caza, que acabó persiguiendo tres grupos de luces que no logró alcanzar —en algún caso reconoce la dificultad de distinguir en esa noche tan clara lo que son estrellas de lo que no lo son—.

Y tercero, el del personal del aeropuerto y la base, que vio tres puntos inmóviles durante más de dos horas. También se vieron desde el aeropuerto de Barcelona, a trescientos cincuenta kilómetros, lo que indica que quizá estaban en el espacio. Además, esa madrugada el oficial de guardia de la base aérea de Manises le dijo al comandante jefe del Servicio del Estado Mayor del Aire que el objeto seguía el movimiento de las estrellas y se creía que era un planeta.

¿Qué se vio en Valencia aquella noche? Se ha dicho que los destellos provenían de la refinería de Escombreras, de astros, de maniobras de la Sexta Flota de Estados Unidos, que eran naves extraterrestres… Por su parte, el Estado Mayor del Aire llegó a dos conclusiones: no hubo tres tráficos durante cuatro horas, sino la apreciación de unas luces de dudosa identificación; en ningún momento se demostró que fuesen objetos consistentes. No existió ningún aparato que obligase a un despegue de un F1, sino que fue la comunicación telefónica hecha desde Valencia sobre la observación de unas luces en la zona lo que indujo a ordenar la salida del caza, para comprobar si dichas luces correspondían a algún avión u objeto volante que, por otro lado, no había sido detectado por el radar de tierra.

# Majestic 12

**Una de las teorías de la conspiración más extendidas entre los aficionados al fenómeno ovni es la existencia de este grupo secreto estadounidense, cuyo objetivo habría sido estudiar a los aliens.**

En mayo de 1987, William L. Moore, Stanton T. Friedman y el productor de televisión Jamie Shandera hicieron públicos unos documentos, supuestamente pertenecientes a los gabinetes de los presidentes Truman y Eisenhower y clasificados Alto Secreto, que contenían referencias a un misterioso colectivo, denominado Majestic-12 (MJ-12).

Estos informes mostraban que poco después de que en julio de 1947 fueran recuperados un platillo volante estrellado y cuatro −o más− cadáveres de alienígenas por el Gobierno estadounidense −el famoso incidente Roswell−, el mencionado presidente Harry S. Truman creó un grupo formado por doce personalidades científicas, políticas y militares del país con el encargo de estudiarlos.

Uno de esos memorandos fue hallado entre montañas de documentos oficiales desclasificados poco antes. El resto apareció en un rollo de película, en un episodio digno de una novela de espías. De acuerdo con Moore, un remitente anónimo se los envió a Shandera en diciembre de 1984. El equipo dedicó dos años a comprobar su autenticidad antes de hacerlos públicos.

El contenido de la película resultó ser un documento de ocho páginas que, al parecer, habría formado parte de un trabajo más largo fechado el 18 de noviembre de 1952 y destinado a informar al presidente Eisenhower sobre los avances del MJ-12. Dicho estudio lo habría escrito el vicealmirante Roscoe H. Hillenkoetter, antiguo director de la CIA, que formaba parte del grupo. En un anexo del 24

Según los informes del caso MJ-12, el presidente Truman habría autorizado la creación de este grupo, de lo que se habría encargado el secretario de Defensa James Forrestal –en la foto, el primero le entrega la Medalla al Mérito–. No obstante, el FBI los considera falsos –abajo–.

de septiembre de 1947, Truman autoriza al secretario de Defensa James Forrestal y al ingeniero Vannevar Bush, a crear el MJ-12.

Otro documento, procedente de los Archivos Nacionales, era una copia hecha con papel carbón de un memorando escrito el 14 de julio de 1954 por Robert Cutler, secretario de Eisenhower, y dirigido al general Nathan Twining, jefe del Estado Mayor de la Fuerza Aérea –y miembro del MJ-12–. En él,

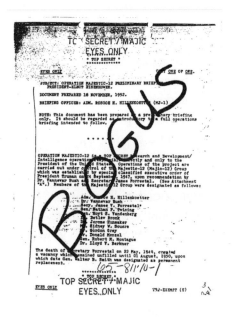

Cutler le notifica un cambio en una sesión del MJ-12, a la que asistirían el presidente y el Consejo de Seguridad Nacional. ¿Estábamos ante un gran encubrimiento avalado por todos los mandatarios de Estados Unidos desde Truman?

Pronto empezaron las sospechas. el memorando Cutler-Twining no poseía número de registro, lo que implicaba que no había sido registrado. Entonces, ¿qué hacía en los Archivos Nacionales? Además, la copia no contaba con la marca de agua del papel oficial. El documento, por otra parte, estaba clasificado como «Información Seguridad Restingida Alto Secreto». Pero son cosas distintas, y un informe no puede contener ambas a la vez. Es más, el término seguridad restringida se dejó de usar antes de su redacción, y cuando esta supuestamente tuvo lugar, Cutler había estado de viaje por Europa y África.

Por fin, la carta de Truman a Forrestal es una falsificación —se distingue si se compara la tipografía y el formato con las auténticas—. Y un dato más: la máquina de escribir usada para mecanografiar el famoso informe fue una Smith-Corona, que apareció en el mercado en 1963, años después de la fecha del memorando. ¿Se convencieron los ufólogos de que alguien les había tomado el pelo? Aunque muchos consideran el asunto un fraude, otros afirman que todo fue un montaje para hacernos creer que ese grupo no existe.

En 1978, la CIA liberó sus archivos sobre los ovnis: unos novecientos documentos; un material bastante escaso, lo que demuestra el poco interés que le suscitaban. Pero los defensores de la conspiración usan un mecanismo de razonamiento circular común a todas las creencias: si los Gobiernos no dan la información, es porque ocultan algo; pero si la desclasifican y lo visto no responde a sus expectativas, seguro que la han manipulado y se han censurado las partes relevantes.

En este caso, el nivel de la conspiración sería enorme. Se está diciendo que el Ejército y las agencias de inteligencia de Estados Unidos han estado mintiendo durante décadas a todos los comités de control del Senado y violando la ley de libertad de información. Aún más, semejante encubrimiento tendría que trascender las administraciones, de forma que todos los Gobiernos, independientemente de su signo político, habrían coludido para seguir con él. Tal cosa exigiría una organización paralela y oculta de centenares de miles de agentes destinados a vigilar que nadie se fuera de la lengua, ni siquiera en el lecho de muerte, y engañar a todos los servicios secretos de los otros Gobiernos. Un sinsentido.

# Vilas-Boas

**Durante los años cincuenta, empezó a aumentar el número de personas que aseguraban haberse comunicado con los extraterrestres. En el caso de Antônio Vilas-Boas, de una forma bastante íntima.**

A mediados del siglo pasado, la exploración espacial empezaba a abrirse camino. Al mismo tiempo, Hollywood usaba el tirón de los platillos volantes para llenar las pantallas de los cines; los ovnis estaban de moda. De hecho, estos empezaron a dejar de ser simples luces en el cielo y pasaron a convertirse en naves tripuladas, cuyos ocupantes estaban deseosos de comunicarse con los humanos. Así se inició el fenómeno de los contactados.

El más famoso fue George Adamski, que contó sus aventuras con la gente del espacio –muy preocupadas por nuestra tecnología nuclear– en una serie de libros. El primero fue *Los platillos volantes han aterrizado*, de 1953, y tuvo un notable impacto mediático por su apa-

Según cuenta Vilas-Boas, en la nave espacial tuvo un encuentro sexual con una extraterretre.

AGE

rente sinceridad. No tardaron en aparecer otros contactados, como Richard Miller, al que se le informó que existía una confederación de planetas a la que sus miembros accedían tras haber evolucionado espiritualmente.

Parece que los alienígenas dejaron a un lado tal cosa y optaron por algo mucho más carnal en la madrugada del 16 de octubre de 1957, en el estado brasileño de Minas Gerais. Allí, un granjero de veintitrés años llamado Antônio Vilas-Boas fue secuestrado por un humanoide que le obligó a subir a su nave. En ella, le desnudaron y limpiaron, le extrajeron sangre con unas ventosas y le hicieron respirar un gas. Poco después, se presentó una mujer desnuda, con la que aseguró tener dos encuentros sexuales. Cuando terminaron, ella señaló su vientre y al cielo.

Vilas-Boas afirmó haber sufrido náuseas, dolores de cabeza y lesiones en la piel tras el encuentro, pero su relato resultó increíble incluso para algunos ufólogos, como Olavo Fontes, que le entrevistó en febrero de 1958.

Esta abducción –el primer *tête à tête* interplanetario conocido– se diferencia de otras en que Vilas-Boas recordaba perfectamente lo sucedido, sin necesidad de hacer una regresión hipnótica. Al parecer, los aliens aprendieron a borrar la memoria de sus secuestrados después.

No obstante, el ufólogo Peter Rogerson descubrió que meses antes de que Vilas-Boas contara por primera vez su caso se había publicado uno muy similar en el semanario *O Cruzeiro*. Para Rogerson, Vilas-Boas tomó prestados detalles de este relato y lo aderezó con algunos elementos de las bien conocidas historias de Adamski.

# Abducidos

**¿Por qué los alienígenas se empeñarían en secuestrar a miles y miles de personas, tal como aseguran muchos ufólogos, a las que luego borrarían la memoria?**

Los extraterrestres están llevando a cabo un estudio genético y es la propia especie humana el sujeto de un experimento de cría. Uno de los propósitos por los cuales vienen a la Tierra es para secuestrar personas y obtener otros seres. No es un programa de reproducción, sino de producción: el objetivo de la abducción es la creación de niños porque, por algún motivo, ellos no pueden tenerlos.

A finales del siglo pasado, esta era la postura de las dos mayores autoridades en las llamadas abducciones: el artista Budd Hopkins −fallecido en 2011− y David M. Jacobs, profesor asociado de Historia en la Universidad del Temple, en Filadelfia. Incluso afirmaban que las citadas abducciones podrían heredarse: sus investigaciones les revelaron que los hijos, los padres y hasta los abuelos de un abducido también lo han sido.

La situación es tan peliaguda, especialmente en Estados Unidos, que John E. Mack, psiquiatra de la Universidad de Harvard −otro experto en estos hipotéticos secuestros, que murió en 2004−, pensaba que algunos de los problemas ginecológicos que tuvo su exmujer posiblemente fueron debidos a los extraterrestres.

Para conocer el alcance del asunto, Hopkins, Jacobs y Mack encargaron en 1991 una encuesta, con la que pretendían averiguar cuántos estadounidenses habían experimentado lo que se ajustaba a los supuestos síntomas indicativos de una abducción extraterrestre: obtuvieron la friolera de 3,7 millones de personas. Ello significaba que, hasta ese momento, los alienígenas habrían secuestrado a un promedio de 340 individuos al día solo en Estados Unidos, pero nadie, ni siquiera el Gobierno, se estaba dando cuenta.

Aunque se conocen casos desde los años cincuenta, el fenómeno de las abducciones, tal como hoy se entiende, se originó la noche del 19 al 20 de septiembre de 1961, cuando Barney y Betty Hill volvían a su casa tras pasar unas vacaciones en Montreal. Alrededor de la medianoche, mientras el matrimonio viajaba por una zona desierta de las Montañas Blancas de Nuevo Hampshire, vieron un objeto parecido a una estrella que parecía perseguirlos.

Cuando se les acercó, Barney se bajó del coche y con unos prismáticos vio los rostros de una serie de extraterrestres mirando por una hilera de ventanas. Corrió hacia el vehículo gritando a su mujer que los iban a secuestrar y salieron de la zona como alma que lleva el diablo. Tras la peripecia, llegaron a su domicilio en Portsmouth, dos horas más tarde.

Betty empezó a leer libros que trataban sobre el fenómeno ovni y a sufrir terribles pesadillas, en las que aparecían los dos a bordo de

Algunos abducidos aseguran que se apoderan de ellos en sus dormitorios y que no pueden hacer nada por evitarlo, si bien tal cosa parece corresponderse con un episodio de parálisis del sueño.

una nave mientras unas criaturas de aspecto humanoide los sometían a un exhaustivo análisis físico.

Tres años después del suceso, cuando los Hill seguían un tratamiento psiquiátrico con Benjamin Simon, relataron bajo hipnosis una historia escalofriante: en realidad habían sido objeto de distintas pruebas médicas dentro de un platillo volante y, tras borrarles la memoria, habían sido liberados. Bajo sugestión, Betty incluso dibujó un mapa estelar que aparentemente había visto a bordo del vehículo alienígena. En 1972, una maestra de Ohio llamada Marjorie Fish afirmó haber identificado las estrellas del mapa: las más grandes serían Zeta 1 Reticuli y Zeta 2 Reticuli. ¿Vendrían de allí los visitantes?

Probablemente, el caso de los Hill no habría pasado del archivador del psiquiatra si no hubiera sido por la pluma del periodista sensacionalista John G. Fuller, que en 1966 publicó *Viaje interrumpido*, que se convirtió en un superventas y en un telefilme para la NBC, en 1975. Este se emitió en horario de máxima audiencia y marcó el pistoletazo de salida de una auténtica plaga de abducciones en Estados

Bernie y Betty Hill muestran el aspecto de la nave extraterrestre que los habría
secuestrado en 1961, según revelaron tras someterse a hipnosis.

Unidos. En este caso tenemos todos los ingredientes necesarios para
reconocer uno de estos secuestros, desde un encuentro en una carretera secundaria y extraterrestres que llevan a cabo experimentos con
personas hasta el posterior borrado de memoria.

El incidente de los Hill fue la vuelta de tuerca que necesitaba la
ufología. Las luces en el cielo y los alienígenas más o menos amis-
tosos que charlaban sobre la paz en el mundo con los contactados
dieron paso a siniestros personajes que secuestraban a humanos para
usarlos como conejillos de Indias en infames pruebas.

¿Fue real la abducción de esta pareja? Cuando un periodista de
la revista *Look* le preguntó a Simon si de verdad creía que los Hill
habían sido retenidos y llevados a bordo de un platillo volante, el
psiquiatra le contestó que en absoluto. Para Simon, todo había sido
una invención de Betty, que le había contado sus sueños recurrentes
a su marido. El secuestro que relataron bajo hipnosis no fue más que
una repetición de esas ensoñaciones. Por eso, el relato de Betty era
mucho más detallado que el de Barney, hasta el punto de que ella

estaba al tanto de todo lo que le había sucedido a su marido, pero él no sabía nada de lo que le había pasado a Betty. Si él solo repetía los sueños de su esposa, es lógico que solo ella fuera capaz de construir una historia mucho más detallada.

El matrimonio no aceptó el diagnóstico y ambos defendieron que la abducción había tenido lugar –aunque ella con más vehemencia–. Con todo, las sesiones con Simon parecieron surtir efecto y no volvieron a sentirse atormentados.

Barney falleció de una hemorragia cerebral en 1969 y Betty se convirtió en una celebridad en el mundillo de los ovnis. Es más, tras la muerte de su marido tuvo más experiencias con ellos. Sostenía que había un campo de aterrizaje de naves al sur de Nuevo Hampshire y que los extraterrestres salían de ellas a hacer ejercicio. Incluso experimentó diversos episodios paranormales, como hacerle compañía a una molesta fantasma llamada Hannah y así dar un respiro a su hermana, a la que el espíritu acosaba. Murió en 2004, con 85 años.

¿Qué vieron en el cielo aquella noche? Eso nunca lo sabremos, pero hay motivos para sospechar que esa luz tenía un origen astronómico: en ese momento, en el cielo había dos astros luminosos junto a la Luna, Saturno y Júpiter, pero la pareja recordaba haber visto la Luna, una sola estrella y el ovni.

# *Dogfight* con los ET

**Unos vídeos de unos extraños objetos voladores aireados en 2017 y reconocidos como veraces por las autoridades de EE. UU. han sacudido la opinión pública. ¿Pero se trata de naves alienígenas?**

El 27 de abril de 2020, la Armada de Estados Unidos desclasificó oficialmente unos vídeos que ya circulaban desde hacía tres años que mostraban los encuentros que algunos pilotos de combate habían tenido con unas peculiares aeronaves. En las filmaciones, tomadas por cazas del portaaviones *USS Theodore Roosevelt*, entre junio de 2014 y marzo de 2015 en la costa este estadounidense, y del *USS Nimitz*, en la costa del Pacífico, en noviembre de 2004, se observa un objeto que parece volar frente a los aviones. En uno se escucha a los pilotos

En 2004, unos cazas F/A-18 del Nimitz —en la foto, uno se dispone a despegar de ese portaaviones— siguieron a un extraño objeto que parecía volar a unavelocidad increíble.

comentar asombrados lo que están viendo y preguntarse qué demonios puede ser. Según Joseph Gradisher, portavoz del jefe adjunto de Operaciones Navales, «la Armada cataloga lo que aparecen en esos vídeos como fenómenos aéreos no identificados». Para muchos medios y buena parte de la población se trata de ovnis, entendidos en el sentido de que eran naves alienígenas.

En diciembre de 2017, el Departamento de Defensa confirmó la existencia del Programa Avanzado de Identificación de Amenazas Aeroespaciales (AATIP), una iniciativa que había comenzado diez años atrás «para evaluar con precisión la amenaza extranjera a los sistemas de armas de Estados Unidos». Se le asignó un presupuesto de veintidós millones de dólares para realizar un análisis de ese tipo de encuentros y elaborar una serie de estudios que rozaban la ciencia ficción, sobre antigravedad, métodos de propulsión de plasma para naves espaciales, invisibilidad, uso de agujeros de gusano para viajar por el espacio... El Pentágono los hizo públicos en 2018.

El programa se cerró oficialmente en 2012, si bien algunas informaciones apuntan que pudo seguir activo cinco años más. No obtuvo resultados reseñables, salvo la elaboración de treinta y ocho informes que consisten, básicamente, en pura especulación

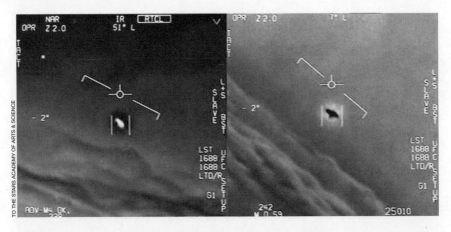

En el vídeo GIMBAL, captado por infrarrojos,
se ve un objeto que rota y se desplaza sin fuente de propulsión aparente.

científica. Entonces, un lustro después, saltó a los medios, en lo que parece una puesta en escena perfectamente diseñada.

En octubre de 2017, dimitió Luis Elizondo, un funcionario de la Oficina del Subsecretario de Defensa para Inteligencia que había estado relacionado con el mencionado AATIP. En su carta de renuncia explica que se iba porque el Pentágono no se tomaba en serio la amenaza que podían representar los ovnis. Apenas unas semanas después, Elizondo fue contratado por la empresa To the Stars Academy of Arts and Science, fundada pocos meses antes. Sus propietarios eran Tom Delonge, exvocalista y guitarrista de un grupo de pop punk y apasionado de los ovnis, y Harold Puthoff, un ingeniero que saltó a la fama en 1974 por investigar los poderes de Uri Geller y que había colaborado en el programa AATIP.

En diciembre de 2017 y marzo de 2018, los responsables de To the Stars y el *New York Times* difundieron los vídeos de los objetos captados por los pilotos del *USS Theodore Roosevelt* y del *USS Nimitz*. De ellos se ha dicho que puede tratarse de globos, aves o incluso drones, y que su gran velocidad aparente es una ilusión óptica motivada por el desplazamiento del fondo de la imagen.

En julio de 2019, los responsables de To the Stars afirmaron tener en su poder ciertos materiales exóticos cuya «estructura y composición no se parece a ninguno conocido» provenientes de «vehículos aeroespaciales avanzados». Eso sí, no se los han mostrado a nadie y todavía hoy no se sabe a ciencia cierta qué es lo que tienen.

El 24 de junio de 2020, el Comité de Inteligencia del Senado votó para exigir a la United States Intelligence Community y al Departamento de Defensa que rastrearan y analizaran públicamente los datos recopilados sobre esos fenómenos aéreos no identificados. El 4 de agosto se aprobó la creación del Unidentified Aerial Phenomena Task Force. Oficialmente, su misión es detectar, analizar y catalogar los citados fenómenos aéreos no identificados que podrían representar una amenaza para la seguridad nacional de EE. UU. Al parecer, el mencionado Comité de Inteligencia del Senado no sabe que el Departamento de Defensa tiene una nave extraterrestre encerrada en el armario desde hace más de setenta años, como aseguran quienes aún creen en el caso Roswell.

# ALIENS
## EN LA ANTIGÜEDAD

S i se les pregunta a cualquiera de los entusiastas de la historia alternativa cuál es la primera ciudad que fue destruida por una explosión atómica, dirán que no fue Hiroshima, sino Mohenjo-Daro, una urbe de la civilización del valle del Indo que, según dicen, fue arrasada de ese modo hace más de tres mil años. Para probarlo, exponen unas frases extraídas del texto mitológico hindú *Mahabharata* donde se menciona una columna de humo incandescente y una llama tan brillante como miles de soles −aunque tal fragmento no se encuentra en el *Mahabharata*− y que se descubrieron cuerpos diseminados en el enclave con un alto nivel de radiación, como si sus gentes hubieran muerto por un ataque nuclear −pero tal cosa no es cierta; los restos hallados son de diferentes épocas y no hay resto de radiación−. En su opinión, es una de las pruebas de que los alienígenas visitaron a nuestros ancestros, que los tomaron por dioses. Son los llamados antiguos astronautas.

Su gran vocero ha sido el suizo Erich von Däniken, que, como todos sus continuadores, ha seguido una peculiar forma de encontrar pruebas de tecnologías avanzadas en el pasado remoto: a partir de sus interpretaciones de textos, inscripciones y dibujos de las primeras culturas, dice haber descubierto en ellas referencias en clave a que

En los mentideros de la Red, y a través de documentales que entremezclan ficción, meras suposiciones y estudios fidedignos, se ha popularizado la creencia de que los dioses de las antiguas culturas eran en realidad aliens.

hace miles de años ya existían naves espaciales, escafandras, aviones, helicópteros… repartidos por todo el globo. Y que sus logros tecnológicos o arquitectónicos no fueron suyos, sino inspirados por los extraterrestres.

En el fondo, ello supone partir de una premisa capciosa: las civilizaciones antiguas no europeas eran atrasadas y primitivas. Esto es, no podrían haber erigido las espectaculares construcciones de Puma Punku o Tiahuanaco, en Bolivia, o las pirámides de Egipto sin la ayuda de los aliens porque estaban más allá de las capacidades técnicas de aquellos individuos. O, lo que es los mismo, si Von Däniken y sus acólitos son incapaces de averiguar cómo lo hicieron, es que no lo pudieron hacer.

# Tras la pista de los antiguos astronautas

**En las últimas décadas se ha extendido la controvertida idea de que nuestros ancestros fueron contactados por alienígenas, que les habrían instruido y puesto los cimientos de la civilización humana.**

A finales de los sesenta se popularizó la idea de que las pirámides de Egipto o las líneas de Nazca, entre otros enclaves arqueológicos, eran la prueba de que los aliens nos habían visitado en el pasado. No obstante, como todas las historias relacionadas con el fenómeno ovni, las primeras referencias a esos antiguos astronautas las encontramos en la ciencia ficción de principios del siglo XX. Hubo que esperar a 1954 para que alguien planteara en serio tal cosa. Lo hizo Harold T. Wilkins, un periodista británico aficionado a los misterios, pero su propuesta pasó desapercibida hasta 1968, cuando Erich von Däniken, un hotelero suizo, publicó un libro que se convertiría en un superventas: *Recuerdos del futuro*.

Tres años antes, los astrofísicos Iósif Shklovski y Carl Sagan, en su obra *Vida inteligente en el universo*, habían especulado sobre la posibilidad de que hubiera habido un contacto con extraterrestres en tiempos históricos. Concluían que no existían pruebas, pero ¿cómo

SHUTTERSTOCK

Una de las hipótesis que exponen los pseudoarqueólogos es que
las grandes pirámides de Egipto son más viejas de lo que se cree, y que en su construcción
participó una antigua civilización perdida o visitantes de las estrellas.

podríamos saberlo? Al responder a ello dieron un argumento que los pseudoarqueólogos han usado hasta la extenuación: en tal caso, habría quedado constancia en las historias y leyendas.

Un ejemplo real lo tenemos en la expedición de circunnavegación francesa dirigida por Jean-François de Galaup, cuando en julio de 1786 se encontró con los tlingits, una tribu del noroeste de Canadá. Aquel contacto quedó preservado dentro de su tradición oral, y más de un siglo después fue recogida por el etnógrafo George T. Emmons. Obviamente, los tlingits habían acomodado el relato a su cultura, pero seguía siendo una narración suficientemente precisa de lo sucedido.

Para Sagan, ello probaba que se podía conservar «un registro histórico de un breve contacto con una civilización extraterrestre», siempre y cuando se hiciese al poco tiempo de producirse y fuese significativo para la sociedad contactada. Es más, Sagan y Shklovski apuntaron como ejemplo de ello que la leyenda del hombre-pez babilónico Oannes, que llevó la agricultura, las matemáticas y las artes a los primeros sumerios, podría ser un eco de un encuentro con seres de otro mundo.

Poco podían imaginarse que aquella especulación acabaría convirtiéndose en «verdad» por obra y gracia del escritor Zecharia Sitchin, que traduciendo el sumerio de forma creativa, sacando algunas citas fuera de contexto y truncando otras, llegó a la conclusión de que las tablillas sumerias –algunas de las cuales solo conocía él– mostraban que en el germen de la cultura sumeria participaron activamente unos alienígenas, mencionados en sus textos como *anunnakis*, que vinieron de un hipotético duodécimo planeta del Sistema Solar llamado Nibiru.

Según Sitchin, arribaron a la Tierra hace cuatrocientos mil años para hacer minería, especialmente de oro, y para ello crearon una raza de trabajadores-esclavos, los humanos. Esa es la base sobre la que se asienta la teoría de los antiguos astronautas: la humanidad es un experimento genético.

Según von Däniken, en todas las culturas antiguas hay indicios de la visita de los extraterrestres. Los encontramos en los *vimanas* –unos carros voladores de las leyendas hindúes tomados por naves espaciales–; en ciertas pinturas rupestres, como las del Tassili, en Argelia –representarían a aliens con escafandras–; y en algunos enclaves antiguos, como Puma Punku y Tiahuanaco, en Bolivia, o la fortaleza de Sacsayhuamán, en Perú, cuya construcción estaría más allá de las posibilidades tecnológicas de las civilizaciones que habitaban la zona y solo podrían haber sido erigidas con la ayuda de los extraterrestres. También, en objetos que se parecen mucho a ingenios actuales, como el pájaro de Saqqara, en Egipto, o los artefactos quimbayas de Colombia, que recuerdan a aeronaves.

Pero los aficionados a la arqueología fantástica cometen un error que los arqueólogos y antropólogos tienen mucho cuidado en evitar: dejan que sus prejuicios culturales afecten a la interpretación de los datos. Por eso, lo que encuentran se asemejan a las tecnologías existentes en el momento en que se escribieron sus libros; de ahí que vean bombillas de incandescencia y no de bajo consumo o trajes de astronautas similares al de Neil Armstrong, pero no al de Pedro Duque. Lo mismo sucede con las supuestas «pistas de aterrizaje» de Nazca. Al parecer, las naves alienígenas, capaces de viajar cientos o miles de años luz por el espacio, necesitaban un aeropuerto, como si fueran aviones de pasajeros. Algo parecido sucede cuando se refieren al arte rupestre del Tassili. Suponen que los pintores paleolíticos siempre eran realistas. Y aunque a menudo lo eran, muchas veces mostraban una tendencia a la esquematización y el simbolismo.

Al final del siglo XX, los extraterrestres empezaron a esfumarse. Con la ufología de capa caída, los nuevos pseudohistoriadores sus-

Algunas de las piedras de Ica, de cientos o miles de años, muestran ingenios muy avanzados para su tiempo, pero resultaron ser un fraude.

tituyeron a los antiguos astronautas por antiquísimas civilizaciones, perdidas entre los pliegues de la memoria colectiva. Las supuestas pruebas de las visitas de aquellos en realidad lo eran de una antigua cultura muy avanzada y olvidada. Eso sí, los argumentos y enclaves que citan son los mismos.

El buque insignia de esta corriente se encuentra en Egipto. Sus defensores señalan que los antiguos egipcios no habrían podido erigir los monumentos que se les atribuyen, entre otras cosas porque las rocas usadas son de tal dureza que no pudieron trabajarlas con sus endebles herramientas de cobre. Sin embargo, Denys A. Stocks, un experto en tecnología egipcia, lo hizo durante dos décadas basándose en las representaciones que dejaron. Y lo explica en detalle en su libro *Experimentos en arqueología egipcia* (2003).

Pero asumamos que los egipcios fueron herederos de una civilización perdida. ¿De cuál? Evidentemente, de la Atlántida. Quien popularizó esta idea fue Helena Petrovna Blavatsky, una médium fraudulenta que alcanzó una enorme fama a finales del siglo xix.

En 1923, Edgar Cayce, conocido como el vidente durmiente, indicó a sus seguidores que todos habían vivido sus vidas anteriores en la Atlántida, donde había sido un gran sacerdote. Sus visiones le ilustraban sobre lo que realmente había sucedido: en 10500 a. C., un consorcio de atlantes, egipcios y rusos itinerantes levantaron la Gran Pirámide bajo las órdenes de Hermes, Ra-Ta e Isis. Su objetivo era almacenar la información de la historia humana profetizada hasta 1998, que marcaría la Segunda Venida de Cristo.

Pero no solo la pirámide de Keops alimenta a los pseudohistoriadores. Robert Schoch, geólogo y profesor asociado de Ciencias en el College of General Studies de la Universidad de Boston, agitó las aguas de la egiptología al presentar los resultados de su investigación sobre la Gran Esfinge en la reunión anual de la Sociedad Geológica Estadounidense, en 1991. Estudiando las fisuras que se pueden observar en su base, Schoch concluyó que no eran producto de la erosión de la arena y el viento, sino del agua de lluvia.

Y ahí estaba el problema: si la esfinge fue construida por Keops o Kefrén en torno a 2500 a. C., como afirman los egiptólogos, la erosión observada no pudo haber sucedido, pues no hay pruebas de tales lluvias en la planicie de Guiza. Schoch sugería que ello solo podía explicarse si se asumía que se había alzado entre el 5000 y el 7000 a. C., que es cuando se registraron grandes precipitaciones. Ello lanzaba varios miles de años hacia atrás la historia de Egipto, pues, según la arqueología tradicional, para cuando Schoch defiende la existencia de una civilización capaz de levantar la esfinge, la región estaba en el Neolítico.

Schoch entró en el mundo de los antiguos pueblos perdidos en 1989, de la mano del escritor John Anthony West. Este seguía las ideas de un matemático con tendencias místicas y esotéricas llamado René Schwaller de Lubicz (1887–1961), que defendía la existencia de una importante cultura más antigua que la egipcia en la zona. West aunó sus propuestas y las visiones de Cayce sobre los atlantes y construyó su propia teoría. Convencido de que la erosión observada en la Gran Esfinge había sido provocada en 10500 a. C., fue en busca de un geólogo que confirmara su planteamiento. Y encontró a Schoch.

Para los pseudoarqueólogos, la Gran Pirámide sería igualmente mucho más antigua de lo que nos dice la arqueología oficial. El pro-

Hay quien ve en algunas de las pinturas rupestres de Sego Canyon (Utah) las representaciones de seres extraterrestres, pero los expertos relacionan estas figuras, de unos 4000 años de antigüedad, con ciertas prácticas rituales y chamánicas.

blema al que se enfrentan son unos grafitis en los bloques de piedra que componen las cinco cámaras de descarga situadas encima de la cámara del rey. Algunos de esos bloques están entre los más grandes y pesados de la pirámide. Allí encontramos la firma del capataz y los obreros que la construyeron. Una inscripción reza: «Amigos de Jufu (Keops)». Otra dice: «Año 17 del reinado de Jufu».

Como es imposible poner esos bloques con la pirámide ya construida, los pseudoarqueólogos sostienen que son falsificaciones realizadas por el coronel R. Howard Vyse, que se abrió camino hacia las cámaras superiores con dinamita en 1837. La pega es que, además de que algunos de esos grafitis solo se pudieron escribir sobre los bloques sueltos y no ya montados, entre las marcas se encuentra el nombre completo de Jufu: Jnum-Jufuy. Pues bien, en tiempos de Vyse se pensaba que ese era otro rey; y el otro nombre que aparece en los bloques, Horus Medyedu −el nombre de Horus de Jufu−, era desconocido para Vyse.

Y ello por no hablar de los obreros de las pirámides, cuyas tumbas se descubrieron por accidente en 1990, al igual que el poblado donde vivieron e incluso la rampa que emplearon. O las dataciones llevadas a cabo en 1984 y 1995 por el método de carbono-14, en las que se tomó como muestra material orgánico utilizado en la construcción de aquellos monumentos, y que los sitúan hacia el año 2500 a. C.

Una de las técnicas metodológicas más usadas por los pseudoarqueólogos es no hacer caso de las pruebas que contradicen sus teorías. Algunas las encontramos en las culturas que florecieron en el Bajo Egipto entre 6000 y 4000 a. C. Además de cultivar la tierra y empezar a domesticar ganado, nos han dejado su arte, que expresa sus miedos, esperanzas y escenas de la vida cotidiana: animales, el río, barcas... pero no las pirámides. ¿Tan nulo impacto les produjeron? No. Si no las pintaron es porque no estaban allí.

Los historiadores alternativos son expertos en elaborar extravagancias históricas y hacerlas pasar por trabajos rigurosos. Sin embargo, ninguna de sus supuestas investigaciones hace uso del método histórico; sus libros son una selección escasa y arbitraria de datos arqueológicos que utilizan para vestir sus ideas preconcebidas. Encajarlas en el delicado entramado de sus especulaciones les exige eliminar el contexto.

Un ejemplo lo tenemos en las piedras de Ica. A principios de los setenta, los medios se hicieron eco de que en esa ciudad peruana estaban apareciendo unos extraños dibujos tallados en piedras volcánicas que mostraban imágenes de hombres cazando dinosaurios, trasplantes de órganos, ingenios voladores... El descubridor era Javier Cabrera, un médico convencido de que la humanidad ya existía hace decenas de millones de años.

Cabrera exponía sus piedras fuera de todo contexto: nunca reveló donde encontró su biblioteca lítica, compuesta, según se dice, por más de diez mil ejemplares. Si a ello añadimos que compraba a los lugareños del pueblo de Ocucaje las piedras labradas que decían encontrar, todo resulta muy sospechoso. Este tufillo a fraude no importó a muchos autores pseudocientíficos, que lo explotaron sin rubor en sus libros. Todos creyeron en su autenticidad —o así lo afirmaron—, pese a que diversas personas confesaran repetidamente ser sus anónimos autores.

Hoy, el pseudoarqueólogo con más predicamento es el periodista Graham Hancock. En *Las huellas de los dioses* (1995), que en 2015 continuó con *Los magos de los dioses*, sostiene que las civilizaciones del pasado bebieron de una o varias culturas muy desarrolladas que desaparecieron tras el choque de un cometa, hace doce mil años.

Hancock tomó prestada la idea de unos científicos que la propusieron para explicar la extinción de la megafauna norteamericana.

La ausencia de pruebas dieron al traste con la hipótesis hace años, pero Hancock ha hallado algo con que sustentarla: Göbekli Tepe, en Turquía, un santuario megalítico erigido hace 11500 años, cuando los humanos éramos cazadores-recolectores. Para Hancock, que se ve con la capacidad de decidir lo que podían hacer o no, es imposible.

Su postura se basa en dos argumentos falaces: el de la ignorancia —como los científicos no pueden explicar X, entonces Y es una teoría legítima— y el de la incredulidad —como no me creo X, mi teoría Y es válida—. Ahora bien, si hubiese existido una civilización tan avanzada como dice, existirían indicios de su actividad. Por ejemplo, si los egipcios usaban bombillas de incandescencia, como sostienen algunos pseudoarqueólogos, ¿dónde están las fábricas? Y es que, tal como dicen los astrofísicos Adam Frank y Gavin Schmidt, «no se puede impulsar una civilización global sin causar algún impacto en el mundo».

# Sirio y los dogones

**¿Existe una conexión entre esta etnia, que ha excavado sus casas en un acantilado, y unos hipotéticos *aliens* de una estrella lejana?**

En 1989, la UNESCO declaró Patrimonio de la Humanidad los acantilados de Bandiagara, en Malí, un escarpe de arenisca de ciento cincuenta kilómetros de longitud y unos quinientos metros de altura sobre la sabana. Desde el siglo XV, vive allí la etnia dogón, que llegó cuando los mossis empezaron a perseguir a las tribus más cercanas para islamizarlas y, si no, esclavizarlas. Los dogones se refugiaron en Bandiagara, donde se encontraron con los telem, habitantes del acantilado desde 3000 a. C.

No se sabe muy bien si se mezclaron con ellos o si los echaron. Pero, desde entonces, la cultura dogón sustituyó a la pigmea telem y prosperó bajo la protección del enclave. Sus habitantes aprendieron a excavar sus casas en la ladera, lo que ha convertido la zona en uno de los reclamos turísticos más importantes de Malí.

Los dogones han mantenido sus creencias animistas a pesar de estar rodeados por cristianos y musulmanes, y su cosmovisión ha

NASA / ESA / G. BACON

La enana blanca Sirio B fue descubierta en el siglo XIX por F. W. Bessel. Tiene un tamaño parecido al de la Tierra y gira alrededor de Sirio A, mucho mayor.

llamado la atención de muchos antropólogos. El primero fue el francés Marcel Griaule, que los estudió durante los últimos veinticinco años de su vida. Su principal fuente de información sobre sus creencias le fue proporcionada por el chamán ciego Ogotemeli, cuyo testimonio recogió su más estrecha colaboradora, Germaine Dieterlen, en el libro *Le renard pâle*, de 1965.

Según Griaule, una de sus celebraciones, llamada sigui, «dedicada a la renovación del mundo», está íntimamente relacionada con la estrella más brillante del cielo boreal, Sirio. Y no solo eso. Ogotemeli le habría revelado a Griaule unos conocimientos avanzadísimos de astronomía: conocían el sistema de anillos de Saturno, los cuatro satélites galileanos de Júpiter y, lo que es aún más sorprendente, sabían perfectamente que Sirio era una estrella doble. Es más, la periodicidad de cincuenta años de la fiesta sigui tendría su raíz en el periodo orbital de Sirio B. Esta estrella es una enana blanca con un tamaño parecido al de la Tierra. Su existencia fue predicha por el astrónomo Friedrich Wilhelm Bessel que, tras diez años de minuciosas observaciones, concluyó que Sirio tenía una compañera invisible que daba vueltas a su alrededor aproximadamente cada cincuenta años.

Como muchos otros pueblos, los dogones tienen en Sirio uno de sus referentes cosmogónicos. Veneran unos espíritus ancestrales primordiales que llaman nommos, criaturas anfibias y hermafroditas que, en sus representaciones pictóricas, aparecen con el torso y las piernas humanas y la parte inferior con forma de pez. Eran supuestos habitantes de un mundo situado en órbita alrededor de Sirio, y descendieron del cielo en una embarcación acompañados de fuego y truenos. Según Griaule, además, la mitología dogón identifica una compañera de Sirio a la que llama Po Tolo, que tarda cinco décadas en completar una órbita en torno a ella y que es extraordinariamente densa.

Con semejante armamento, los defensores de la visita de seres extraterrestres en épocas pasadas tenían una de sus mejores bazas. Sin embargo, ninguno de ellos se dio cuenta de semejante joya en bruto, hasta que, en 1976, un joven estudiante de sánscrito y estudios orientales en la Universidad de Pensilvania, llamado Robert K. Temple, escribió *El misterio de Sirio*, que se convirtió en un superventas.

En él, Temple mezcló a los dogones y sus nommos con Oannes, un semidiós de las culturas sumeria, caldea y babilonia que surgió del golfo Pérsico y enseñó a los seres humanos buenos modales, escritura, matemáticas, arquitectura... Para Temple, se trataba de extraterrestres que hace siete mil años dejaron pistas acerca de su origen estelar, y la más importante es la que ha sobrevivido en la mitología dogón.

Pero su teoría no tiene dónde sustentarse. Para empezar, porque los informes de Griaule no parecen tener toda la veracidad científica que se pensó en un principio. El antropólogo Walter van Beek, que

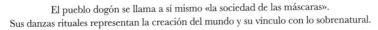

El pueblo dogón se llama a sí mismo «la sociedad de las máscaras».
Sus danzas rituales representan la creación del mundo y su vínculo con lo sobrenatural.

SHUTTERSTOCK

estuvo once años viviendo con los dogones, desmintió muchas de sus afirmaciones. Descubrió que el mito de los nommos no tiene forma definida y que, de hecho, la religión tiene poca importancia en su vida diaria. Y lo más importante: «Nadie, ni siquiera los del círculo de informantes de Griaule, había oído que Sirio fuera una estrella doble», escribió Beek en un artículo publicado en la revista *Current Anthropology* en 1991. Además, señala que los supuestos datos astronómicos de los dogones son similares a lo que se tenían en los años en que Griaule –un hombre aficionado a las estrellas– hizo sus estudios sobre esta etnia.

# El Tassili, Nan Madol y Nazca

**Hay quien busca indicios de visitantes de las estrellas en líneas trazadas en la arena, en islotes artificiales o en pinturas rupestres, todos ellos, eso sí, excelentes muestras de arte antiguo.**

En 1968, una película rompía todos los moldes de la ciencia ficción hasta ese momento: *2001, una odisea espacial*. En ella, el director Stanley Kubrick y el escritor Arthur C. Clarke nos dejaban ver que la evolución del ser humano había estado guiada por seres inteligentes provenientes de otros mundos. Dos años antes, los astrofísicos Carl Sagan e Iósif Shklovski habían dedicado todo un capítulo de su libro Vida inteligente en el universo a argumentar que científicos e historiadores debían considerar seriamente la posibilidad de que hubiera habido relación con seres de otros planetas en tiempos históricos.

Lo que no dejaba de ser una especulación se iba a convertir en certeza en 1968, cuando se publicó el superventas *Recuerdos del futuro*, del suizo Eric von Däniken. De estilo directo, Von Däniken es uno de los pioneros de la popular técnica utilizada por los que buscan misterios donde no los hay: revisar la literatura arqueológica a la caza de objetos, construcciones, textos que planteen alguna incógnita, sacarlos de contexto e interpretarlos en clave moderna, sin dar lugar a otras posibles explicaciones.

El Gran dios Sefar es una de las figuras antropomórficas de gran tamaño que forman parte de los miles de pinturas rupestres halladas en el Tassili, en el sudeste de Argelia.

Su tema estrella eran los famosos geoglifos de las pampas de Jumana, en el desierto de Nazca (Perú), uno de los lugares más secos de la Tierra, con un promedio de veinte minutos de lluvia al año y donde prácticamente no sopla ni la más leve brisa. Fueron realizados por la poco conocida cultura nazca mediante la sencilla técnica de quitar los guijarros recubiertos de óxido de hierro de color marrón rojizo de la superficie para dejar a la vista la tierra gris amarillenta de debajo.

Estos enormes dibujos van desde simples formas geométricas a complejas y enormes representaciones de animales, como un colibrí de noventa y tres metros de largo, un cóndor de ciento treinta metros o una araña de cuarenta y siete. La mayoría de las líneas tienen una profundidad de diez a quince centímetros y, en conjunto, los dibujos se extienden por cuatrocientos cincuenta kilómetros cuadrados. Desde 2006, un equipo de la Universidad de Yamagata, en Japón, ha estado utilizando imágenes de satélite para descubrir nuevas figuras y, a fecha de hoy, ya lleva más de doscientos cincuenta. La mayoría son líneas rectas y triángulos, pero también han encontrado lo que parece una cabeza humana de 4,2 metros de largo y 3,1 metros de ancho, a unos diez kilómetros del norte de Nazca. El hallazgo más reciente, el contorno de un gato, es de 2020.

Según los amantes de lo esotérico, una cultura primitiva como la nazca no podría haber hecho algo así sin ayuda desde el cielo. Que esos pseudohistoriadores, la mayoría europeos o norteamericanos, consideren a otros seres humanos —que casualmente suelen ser sudamericanos, asiáticos o africanos— incapaces de realizar ciertas proezas tecnológicas con herramientas simples solo porque ellos no sepan cómo lo hicieron es de una presunción de superioridad inadmisible.

Pero el verdadero misterio no está en el cómo lo hicieron, sino en el por qué. Sin duda, quien más ha estudiado las líneas de Nazca ha sido la matemática alemana Maria Reiche. Su vida en aquel desierto comenzó en junio de 1941, cuando Paul Kosok, un historiador de la Universidad de Long Island, en Nueva York, que fue el primero que se las tomó en serio, se dio cuenta de que no se trataba de antiguas zanjas de irrigación, como inicialmente supuso. Kosok descubrió que algunas de las líneas convergían en el punto del horizonte por donde salía el sol en el solsticio de invierno.

Seis meses después, Reiche descubrió otra línea que apuntaba directamente al solsticio de verano. ¿Estaban ante un antiguo obser-

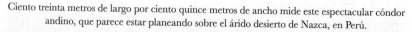

Ciento treinta metros de largo por ciento quince metros de ancho mide este espectacular cóndor andino, que parece estar planeando sobre el árido desierto de Nazca, en Perú.

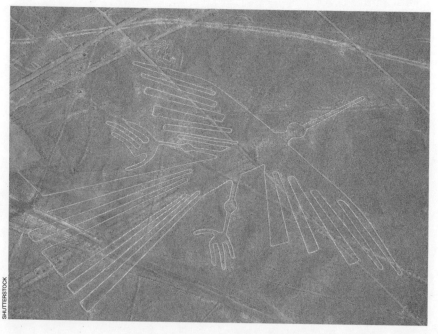

vatorio astronómico, «el calendario de mayor escala en el mundo», como lo llamó Kosok? Ambos se pusieron manos a la obra en el poco agradecido trabajo de mapeo, paso previo para determinar si las líneas tenían alguna relación con eventos astronómicos. Cuando, en 1948, Kosok regresó a Nueva York, Reiche se quedó para continuar el trabajo.

Durante cinco décadas, midió y trazó meticulosamente los intrincados glifos gigantes, limpió el polvo que los cubría para restaurar el brillo original de un millar de líneas y utilizó su propio dinero para contratar guardias que las vigilaran y, así, no fueran destruidas por vándalos, o por el propio Gobierno. Como se supo más tarde, la carretera panamericana había atravesado un lagarto gigante cuando se construyó, en 1939.

Reiche se esforzó en demostrar la hipótesis del calendario astronómico, convencida de que algunos de los glifos eran representaciones de constelaciones. Sin embargo, sus argumentos no han convencido a la mayoría de los arqueólogos, que han propuesto otras explicaciones, como, por ejemplo, que eran pistas conectadas al riego y la división del campo, que se usaban en prácticas religiosas asociadas con la disponibilidad de agua o que servían de base de telares primitivos gigantes para fabricar las largas cuerdas y las anchas piezas textiles típicas de la zona. Sea como fuere, el motivo de estas líneas, que se realizaron entre los años 200 y 600 a. C., sigue siendo un misterio.

Salvo para Von Däniken que, en 1968, descubrió que se parecían a las pistas de un aeropuerto. Así que supuso que estábamos ante zonas de aterrizaje de naves espaciales. En una época en la que aún se investigaba el despegue vertical en los aviones, a los ojos del pseudohistoriador suizo los extraterrestres no habían sido capaces de desarrollarlo.

Mucho más lejos, en la costa oriental de la isla Pohnpei —antes conocida como Ascensión—, en el océano Pacífico, se encuentra una de las maravillas de la ingeniería antigua: la ciudad de Nan Madol, un nombre que significa «entre espacios». Ocupa una superficie de sesenta hectáreas, con unos cuatrocientos mil bloques de basalto diseminados a lo largo y ancho de los 92 islotes que rodean la isla principal, donde se halla la ciudad. Unos islotes realizados por manos humanas.

Nan Madol fue la sede política y ceremonial de la dinastía Saudeleur, el primer gobierno organizado de la isla, cuya población se estima que estaba en torno a los veinticinco mil habitantes. La falta de registros escritos hace que se conozca muy poco de su historia. Se sabe que la construcción de los islotes comenzó en el siglo VIII, pero no alcanzó proporciones megalíticas hasta el año 1200. ¿Cómo alzaron ese lugar? El peso promedio de las piedras es de cinco toneladas; las más grandes llegan a las veinticinco. La ingeniería que tuvieron que idear para, por ejemplo, alzar los recintos funerarios del complejo de Nan Tauas, con columnas de basalto de cinco toneladas encastradas para formar paredes de casi ocho metros de alto, es una incógnita.

Según la leyenda, todo fue obra de dos hermanos gemelos hechiceros, Olisihpa y Olosohpa, que llegaron a la isla en una gran canoa en busca de un lugar para construir un altar y adorar al dios de la agricultura, Nahnisohn Sahpw. Para ello, hicieron levitar las piedras gracias a la ayuda de un dragón volador. Con semejante relato mitológico, no es de extrañar que muchos hayan recurrido a la tesis de los alienígenas para resolver el misterio.

Algo parecido pasa en la meseta del Tassili, en el sudeste de Argelia. Allí encontramos una de las agrupaciones de arte rupestre más importantes del mundo, datada hacia el 8000 a. C. Los antiguos pobladores de esta zona dejaron en las paredes de las cuevas y abrigos más de cinco mil representaciones pictóricas de su vida cotidiana. Gracias a ellas, sabemos que en ese lugar, hoy desértico, vivían jirafas, avestruces, elefantes, bueyes, caimanes e hipopótamos; también vemos escenas de caza y a personas nadando y cultivando.

Supimos de su existencia gracias al francés Henri Lhote. Este apasionado explorador había obtenido su doctorado en antropología en 1945, bajo la dirección de Marcel Griaule, el antropólogo esotérico que estudió los dogones de Malí y sacó a relucir su extraño conocimiento astronómico de la estrella Sirio.

Entre las imágenes de animales y de la vida cotidiana de ese tiempo, Lhote descubrió unas totalmente diferentes. Eran representaciones de hombres y mujeres con cuerpos esquemáticos y cabezas redondas con antenas o cuernos, algunas verdaderamente grandes, de más de dos metros de longitud. En particular hay una que Lothe bautizó como el Gran Dios Marciano, que se ha convertido en un icono de los seguidores de la teoría de los antiguos astronautas, pues dicen que parece llevar una escafandra. Otro de los misterios del Tassili es que todavía no se han localizado lugares de enterramiento en la zona. Claro que para eso los pseudohistoriadores seguramente tienen la respuesta: los extraterrestres se llevaban a los muertos en sus naves.

# Los aviones de los tolimas

**¿Qué pensaría este antiguo pueblo precolombino si supiera que alguien llegó a reproducir a gran escala una de sus estatuillas funerarias de oro e, incluso, le puso motor para hacerla volar?**

Los tolimas o panches eran una civilización precolombina asentada en el centro-oeste lo que hoy es Colombia. Se dedicaban a la agricultura, la pesca y la guerra contra las etnias cercanas y los conquistadores españoles. Eran, además, excelentes orfebres que trabajaban con pericia una aleación de oro y cobre conocida como tumbaga.

Para el criptozoólogo Ivan T. Sanderson, esta figurilla prehispánica representaba algún tipo de aeronave, lo que sugería que quienes la habían hecho habían contactado con alienígenas.

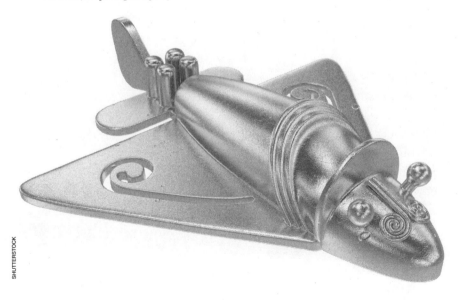

A principios del siglo XX, cerca del río Otún se descubrió una tumba con una antigüedad de 1500 años que contenía cientos de pequeñas figuras de oro que representaban peces, insectos… Entre ellas, había unas pocas que, desde nuestra moderna perspectiva, parecerían aviones. Era una excelente noticia para los defensores de la teoría de los antiguos astronautas, como el ufólogo Giorgio Tsoukalos, famoso por sus intervenciones en la serie documental *Ancient Aliens*.

Los aviones de los tolimas son un ejemplo claro de la metodología de los pseudohistoriadores, que suele consistir en sacar fuera de contexto el objeto al que hacen referencia. En este caso, todas las figuras encontradas nos muestran que los artesanos precolombinos no estaban particularmente interesados en crear representaciones realistas del mundo, sino en hacer interpretaciones estilizadas de animales. Entonces, ¿es posible que a uno de ellos se le ocurriera hacer justo lo contrario con unas pocas figuras?

Aun así, supongamos que verdaderamente vieron un avión —cerca tuvieron que estar, según Tsoukalos, pues este afirma que son piezas aerodinámicamente perfectas—. ¿Realmente podemos creer que algo tan extraordinario no aparecería con más frecuencia en su arte, en grabados o en cerámicas? Y eso sin contar que resulta increíble

Entre los distintos motivos que pueden verse en el templo de Seti I, en Abidos (Egipto), destaca lo que parece un helicóptero —arriba, en el centro de la foto—, pero solo se trata de un jeroglífico que en algún momento volvió a tallarse.

SHUTTERSTOCK

que unos extraterrestres, con una tecnología capaz de viajar entre las estrellas, usaran aeronaves con diseños similares a las nuestras de los años ochenta. Con este razonamiento, bastaría para dejar tranquilos a los supuestos aviones, pero es que la historia tiene más enjundia.

Ivan T. Sanderson, biólogo y fundador de la llamada criptozoología —nombre que engloba la búsqueda de supuestos seres misteriosos, como el yeti o el monstruo del lago Ness—, acuñó el acrónimo OO-PArt —*Out-Of-Place Artifact*— para designar un objeto que no debería estar donde está, normalmente por la supuesta complejidad tecnológica que encierra. Tras mostrar a pilotos e ingenieros diez figuras con apariencia de avión de los tolimas, llegó a la conclusión de que podría tratarse perfectamente de réplicas de vehículos voladores. Es más, en 1994, los alemanes Algund Eenboom, Peter Belting y Conrad Lübbers decidieron realizar un modelo a escala de uno de esos supuestos aparatos. Por supuesto, tuvieron que hacerle algunas modificaciones para que volara: le quitaron los grandes rizos en la parte delantera de las alas —a las que agregaron curvatura para asegurar la aerodinámica y unos flaps— y le añadieron tren de aterrizaje y motor. Los defensores de la teoría de los antiguos astronautas se volvieron locos: la nave precolombina podía volar.

Sin embargo, el ingeniero aeronáutico Arthur M. Young, un hombre al que no se puede tildar de escéptico pues creía que nos habían visitado unos extraterrestres de Sirio, se mostró más cauto. De los aviones precolombinos dijo: «Las alas están mal ubicadas con respecto al centro de gravedad. El morro tampoco es aerodinámico. Aunque a primera vista puede parecerlo, dista mucho de estar representando un avión».

El caso de los tolimas no es el único. En el templo de Seti I, construido en 1279 a. C., en Egipto, se han encontrado figuras en los bajorrelieves que parecen representar un platillo volante, un helicóptero, un submarino, un avión a reacción... La explicación, eso sí, es bastante más prosaica de lo que algunos esperarían y tiene que ver con la manía egipcia de volver a tallar la piedra con el paso del tiempo para reemplazar algunos de los jeroglíficos originales.

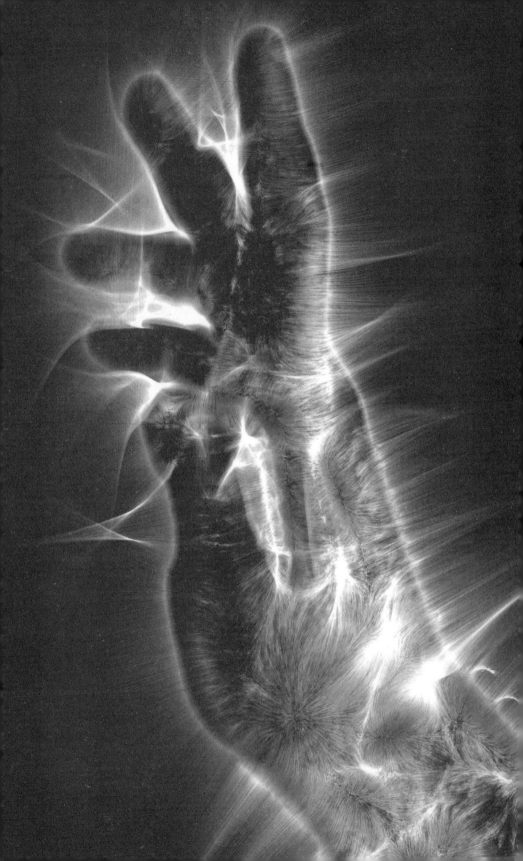

# En el límite de la Ciencia

En el siglo XVII, un médico vienés llamado Franz Anton Mesmer creía que los imanes podían inducir poderes benéficos a quienes los llevasen encima. Pronto se dio cuenta de que sin ningún tipo de ayuda, únicamente con las manos, también podía curar, gracias al entonces misterioso –e inexistente– fluido magnético de los imanes y metales. Su teoría se llamó *magnetismo animal*, aunque rápidamente se convirtió en mesmerismo. Pero el paso del tiempo empezó a dejar las cosas en su sitio y el mesmerismo es, hoy, una nota a pie de página en la historia de la medicina, así como un ejemplo perfecto de lo que a veces sucede cuando nos enfrentamos a un fenómeno poco conocido –y mucho menos entendido– que en ese momento se encuentra en los límites del conocimiento científico.

«La luna influye en las mareas, y como somos el 80 % de agua…». Con semejante frase lapidaria nuestro interlocutor da por probado el efecto de la luna llena en el comportamiento humano, si bien las mareas solo afectan a enormes masas acuáticas repartidas por la superficie de la Tierra y no a un charco, que es lo que obtendríamos si exprimimos un cuerpo humano. Pero, aun así, podría existir algún fenómeno oculto que provocara que nuestro satélite influyera en nuestras vidas de forma no evidente. Varios estudios han buscado una relación entre las fases lunares y las llamadas de emergencia

---

Aunque te consideres lógico y racional, es posible que no te agrade pasar por debajo de una escalera, si puedes evitarlo. Aun cuando ignores de dónde salió esa creencia.

a estaciones de policía y centros de intervención de emergencia o las admisiones en las plantas de centros psiquiátricos. No se ha encontrado ninguna evidencia. ¿Y la creencia de que nuestro satélite influye en los nacimientos? Hasta veintisiete estudios realizados en diez países diferentes niegan tal relación. El efecto de la luna llena es un caso sintomático dentro de la ciencia, que nos revela cómo un conjunto de creencias puede sobrevivir en la sociedad al análisis empírico más intenso sin cambiar ni modificarse ni un ápice. Aún más, es como si dichos estudios no existieran. Porque, a pesar de todo, seguimos creyendo en la influencia de la luna.

Otro de los más peliagudos problemas con los que se enfrenta la investigación en áreas marginales de la ciencia es determinar la existencia de un fenómeno. En este caso, la evidencia estadística, ¿es suficiente para afirmar que existe? ¿Cuándo la relación entre dos fenómenos deja de ser una casualidad y se convierte en causalidad? Hace unos años, unos investigadores de la Universidad de Tel Aviv (Israel) publicaron el resultado de una curiosa investigación: los hombres que tienen un bigote fino son más propensos a desarrollar úlceras. Dicho así hay tres posibles reacciones: la primera, echarse a reír; la segunda, creérselo; y la tercera, si el lector es de los que tienen un mostacho fino, ir corriendo al baño a afeitárselo. La moraleja de todo esto es que hay que tener en cuenta una diferencia sutil pero fundamental a la hora de entender el funcionamiento del mundo: nunca hay que confundir correlación con causalidad.

# ¿Por qué vamos al vidente?

**Hechiceros y adivinos nos embaucan con sus poderes para controlar un mundo oscuro y etérico que escapa a la compresión racional.**

Vivimos en una época en que acudimos al médico para tener hijos, pero también encendemos velas marrones para potenciar la fertilidad, y no vemos ninguna contradicción entre ambos hechos. ¿Por qué íbamos a encontrarla, si para la mayoría el acto de encender la luz es pura brujería? Lejos quedan los días de la filosofía positiva de

Auguste Comte, cuando se creía que la ciencia y la educación acabarían con las creencias supersticiosas.

Diferentes estudios han demostrado que el ser humano va de la mano de palomas, orangutanes y ratas a la hora de desarrollar un comportamiento supersticioso. En un clásico experimento publicado en 1977, los investigadores canadienses Douglas Reberg, Barbara Mann y Nancy K. Innis demostraron este hecho con un ingenioso experimento. Colocaron una jaula con una rata de laboratorio frente a un espacio de unos tres metros de longitud y medio metro de anchura. Al otro extremo, situaron un plato vacío. En un determinado momento se abría la jaula y diez segundos después caía comida en el plato, siempre y cuando la rata tardase esa decena de segundos en llegar al recipiente. Si tardaba menos, el plato se quedaba vacío. Tras una serie de ensayos de prueba y error, el roedor creó una más que evidente relación entre la aparición de comida y el intervalo temporal. Como en condiciones normales solo invertía dos segundos en llegar hasta el plato, debía dejar transcurrir los ocho restantes de una forma contradictoria a lo que su instinto natural le pedía: dirigirse directamente al banquete.

¿Qué hacía la rata en ese tiempo de sobra? Se producía lo que los psicólogos llaman un proceso pseudocausal. Cualquier comportamiento actúa confirmando y reforzando las acciones que supone que son necesarias para conseguir el alimento. Un movimiento aleatorio, por nimio que sea, adquiere un significado decisivo para el animal y le indica que esa es la causa de su sustento.

El pensamiento supersticioso se sustenta en diversos pilares. Uno de ellos es una errónea concepción del principio de autoridad. Asumimos que es de mal fario pasar debajo de una escalera o ser trece comensales a una mesa. Lo aceptamos sin más, porque siempre ha sido así, del mismo modo que aceptamos sin dudar el significado de las cartas del tarot, de las líneas de la mano o de los sueños. ¿Nos hemos preguntado alguna vez por qué es así y no de otro modo? Nunca. Lo dicen videntes y libros, y eso nos basta.

Otro pilar, quizá el más importante, es lo que le sucede a la rata: confundimos correlación con causalidad. Esta es una de las características fundamentales del pensamiento mágico, ya apuntada a principios del siglo XX por el gran antropólogo James Frazer en su libro *La rama dorada* (1890). Lo bautizó como el principio de similaridad o de asociación de ideas: si una acción sucede después de otra, entonces la primera es causa de la segunda. Un ejemplo clásico es el del gallo y el amanecer; el Sol sale porque el ave canta. Otro problema es pensar que hay correlación cuando solo hay casualidad, pura chiripa. Esto lo encontramos en los sueños premonitorios.

¿Cuál es la posibilidad de que soñemos con alguna situación y que suceda en la vida real? Es lo que se pregunta, en su libro clásico *El hombre anumérico*, el matemático John Allen Paulos. Supongamos que uno de cada 10000 sueños acierta por pura azar. Pues bien, haciendo las cuentas, obtenemos que el 3,6 % de la gente que recuerda sus sueños todas las noches tendrá por lo menos un sueño profético al año.

Entonces, ¿por qué acudimos a videntes y adivinos? Numerosos psicólogos afirman que la sensación de control, ya sea real o ficticia, proporciona salud mental; creer haberla perdido hace que nos sintamos tristes, indefensos y deprimidos. Por ejemplo, la gente apuesta más dinero antes de lanzarse los dados que una vez tirados, pero sin conocer el resultado: por alguna misteriosa magia pensamos que somos capaces de influir en la tirada. ¿Y la emoción de ver un partido en la tele? Los gritos típicos de verlo en directo desaparecen si el partido se emite en diferido y desconocemos el resultado final. Esa emoción que destila el cuerpo del aficionado es debida a que inconscientemente cree que sus gritos se van a colar por la antena y llegar al campo. Es pensamiento mágico en acción.

Gustav Jahoda, en su libro *Psicología de la superstición*, abunda en este punto: la sensación de llevar las riendas de la situación, aunque sea ilusoria, «puede contribuir a preservar la integridad del conjunto de la personalidad». Según cuenta el propio Jahoda, en 1955, cuando se produjo una erupción volcánica en Hawái, «hasta los individuos de mayor cultura tomaron parte en actividades como la de arrojar ofrendas a la diosa del volcán a la corriente de lava». La superstición, lejos de constituir algo extraño y anormal, está íntimamente enlazada con nuestros modos fundamentales de pensar, sentir y, en general, de responder a nuestro medioambiente.

Los propios videntes reconocen que sus clientes recurren a ellos como un último y desesperado intento de salir de la difícil situación en que se encuentran. Ello induce a pensar que el consejo psicológico actúa como complemento de la consulta futurológica,

Un buen tarotista sabe interpretar el lenguaje corporal y aspecto de su interlocutor mejor que los mensajes de las cartas que lee.

convirtiéndola, a menudo, en un sustituto poco apropiado –y en ocasiones peligroso– de la psicoterapia, como llevan atestiguando numerosos estudios desde hace tiempo.

Por otra parte, que exista tal variedad de técnicas adivinatorias debería hacernos sospechar, pues si alguna de ellas sirviera realmente para hacer lo que presume, las demás dejarían de existir. Claro que para los profesionales de la videncia esta gran variedad tan solo revela los múltiples caminos que puede elegir su poder mental para manifestarse. Casi todos se ciñen al efecto Barnum o falacia de la validación personal: una descripción general se toma como una predicción concreta de nuestra personalidad. Fue descrita por el psicólogo Bertram Forer en 1948: a sus estudiantes les entregó el resultado de un test de personalidad personalizado que habían realizado previamente, aunque, en realidad, todos recibieron la misma descripción. Después de leerla tuvieron que puntuarla de uno a cinco: la nota media fue 4,6 y el 41 % de los alumnos dijo que había sido una descripción perfecta de su personalidad. Al final Forer les desveló cómo había obtenido esa descripción: escogiendo frases de un manual de astrología.

El adivino es experto en persuadir a sus clientes de que lo sabe todo acerca de ellos y sus problemas. En cuanto se abre la puerta, el vidente –un personaje con buena memoria y agudo observador– recibe gran cantidad de información solo con el primer vistazo a la persona –su aspecto, edad, sexo, ropa, gestos, lenguaje corporal...–, lo que le permite construir el discurso con el que comenzar la lectura.

Si lo ha hecho bien, enseguida, la otra persona se relaja y empieza a hablar. A partir de ahí, no tiene más que repetirlo con otras palabras. También utilizará la técnica del *fishing*, que consiste en hacer una pregunta como si fuera una afirmación, del estilo, «a ti te ha pasado algo importante hace unos años, ¿verdad?». Con la entonación adecuada el cliente entenderá que lo ha visto en las cartas o en los posos del té y solo espera una confirmación inocente por su parte.

Un ejemplo clásico de lectura en frío la contaba John Mulholland, un famoso ilusionista –muy amigo de Houdini– que durante la Guerra Fría escribió un manual para la CIA sobre cómo usar el arte de engaño. En un principio se pensó que todas las copias de ese manual se habían destruido en 1973, pero aparecieron más tarde y se publicaron como *The Official CIA Manual of Trickery and Deception* –El manual oficial de la CIA de trucos y engaños–. Aquí se desvela otra de las claves para ganar creyentes adeptos: augurarles justo eso que esperan escuchar.

# El efecto Marte

**Según un estudio estadístico que aún no ha sido refutado, nacer cuando el planeta rojo está en determinado punto del espacio aumenta las probabilidades de ser un excelente deportista.**

Si hay alguien que ha puesto más a prueba la astrología, sin duda ha sido el matrimonio formado por el psicólogo francés Michel Gauquelin y la estadística suiza Françoise Schneider. Conscientes de la necesidad de someterla a pruebas empíricas, los Gauquelin crearon el Laboratorio para el Estudio de las Relaciones entre los Ritmos Cósmicos y la Psicofisiología en París. Y empezaron a recopilar grandes cantidades de datos de nacimientos para comprobar lo que los astrólogos decían que veían en una carta astral. Y de manera sistemática, cada estudio que hacían acababa siendo un varapalo contra las creencias astrológicas. Sin embargo, obtuvieron un resultado sorprendente cuando compararon la posición de Marte en el cielo y el éxito en los deportes.

En 1967, publicaron sus investigaciones en el libro *Los relojes cósmicos*. Allí, además de dejar clara la absoluta inutilidad de la astrología para predecir la personalidad o el futuro de las personas, afirmaban que, si se dividía el cielo en doce sectores (de forma que queden seis por encima del horizonte y otros seis por debajo), se daba una mayor incidencia de nacimientos de campeones deportivos cuando Marte se hallaba en los sectores uno y cuatro, a los que llamó *sectores clave*.

El libro llamó la atención de los científicos por la solidez del trabajo de este psicólogo. Por otra parte, propició la formación del Comité Belge pour l'Investigation Scientifique des Phénomènes Réputés Paranormaux, más conocido como Comité Para. Su creación marcó el comienzo del escepticismo organizado y fue tomado como modelo por Paul Kurtz, profesor de Filosofía de la Universidad Estatal de Nueva York en Buffalo, para crear, en 1976, el Committee for the Scientific Investigation of Claims of the Paranormal (CSICOP), que se convertiría en referencia del movimiento escéptico mundial.

Michel Gauquelin y Françoise Schneider se conocieron en la Sorbona (París). Juntos se volcaron en aplicar una cuidada metodología estadística para analizar el efecto de las posiciones planetarias en la vida de las personas.

ARCHIVO TK

El porcentaje de deportistas nacidos en dos posiciones concretas de Marte que debería encontrarse por azar es del 16,6 %. Sin embargo, la cifra ascendía al 22 %.

En 1967, después de reproducir el estudio de Gauquelin con intención de refutar sus resultados, el Comité Para no hizo más que confirmar el efecto Marte: algo más de 22 % de los deportistas habían nacido con el planeta rojo en un sector clave. Fue un jarro de agua fría que el Comité Para no encajó bien: descartó los resultados obtenidos, incluso, retrasó su publicación casi diez años. Argumentaban que debían haber cometido algún error metodológico, pero no sabían cuál.

La situación se mantuvo así hasta mediados de la década de 1970, cuando entró en acción Paul Kurtz y el recién formado CSICOP. Necesitaba dar un pelotazo mediático para poner en el foco a la nueva organización y, para ello, estaban preparando un manifiesto contra la astrología. Pensaron que desmontar el trabajo de Gauquelin podría ser la guinda del pastel. Sin embargo, el grupo de estudio integrado por Kurtz, el astrónomo George O. Abell y Marvin Zelen, entonces director del Laboratorio de Estadística de la Universidad Estatal de Nueva York, no consiguió su propósito al reproducir el estudio original. Como señaló el escéptico militante Jim Lippard, «el resultado obtenido [por el CSICOP] es consistente con la magnitud del efecto Marte propuesto por Gauquelin». Al mismo tiempo, se destapó que se había montado una operación de acoso y derribo contra las investigaciones del francés, que se habían convertido en una china en el zapato para esa organización que trataba de ser un referente en la crítica contra lo irracional.

Así las cosas, a lo largo de dos décadas, se han realizado ocho estudios independientes y cerca de treinta repeticiones de los de Gauquelin. Según el crítico de la astrología Geoffrey Dean, «el metanálisis confirma que hay un efecto Marte minúsculo». ¿Quiere decir esto que Gauquelin tenía razón? Que haya una anomalía estadística mínima no implica que un fenómeno exista. Antes de aceptarlo, hay que resolver una serie de cuestiones, como es explicar cómo es posible que Marte afecte a un número tan pequeño de personas, por qué lo hace desde una posición determinada y por qué es ese planeta en concreto y no otro…

# Enseñanzas de don Juan

**Castaneda supo inventar el prototipo del gurú perfecto para dar lecciones a los académicos de su época. Su oferta: alcanzar el verdadero conocimiento que trasciende la realidad objetiva.**

En 1968, se publicaba *Las enseñanzas de don Juan,* un libro que estaba destinado a convertirse en un gran superventas. Escrito por un autor desconocido llamado Carlos Castaneda, contaba las aventuras y la filosofía mística de un brujo yaqui, un pueblo que vive en el desierto de Sonora, en México. Castaneda relataba que había pasado algunos años como aprendiz de un misterioso hechicero indio llamado don Juan. Había sido becado por la Universidad de California en Los Ángeles (UCLA) para realizar su tesis en antropología sobre los conocimientos de este chamán sobre las plantas medicinales.

Las enseñanzas filosóficas de don Juan eran el complemento perfecto para la cultura popular norteamericana de finales de los sesenta y principios de los setenta: una combinación de sustancias psicodélicas, la creencia en poderes paranormales y unas buena dosis de misticismo. Bajo la tutela de don Juan, Castaneda tomó peyote, habló con los coyotes, se convirtió en cuervo y aprendió a volar. Todo esto tuvo lugar en lo que don Juan llamaba «una realidad aparte».

De pronto, un simple estudiante de antropología se convirtió en una celebridad mundial: entre 1971 y 1982 fue uno de los autores de no ficción más vendidos en Estados Unidos, con diez millones de ejemplares. Fue considerado por la revista *Time* como el «Padrino de la Nueva Era» y, entre sus admiradores, se encontraban John Lennon, Federico Fellini y Jim Morrison.

Los libros protagonizados por don Juan tuvieron excelentes críticas. La revista *Time* los calificó de «maravillosamente lúcidos» destacando un «poder narrativo incomparable con otros estudios antropológicos». El antropólogo Paul Riesman escribió en el prestigioso *New York Times Book Review*, que «las enseñanzas de don Juan nos dicen algo de cómo es realmente el mundo».

Durante cinco años, nadie se cuestionó su veracidad. Con el tercero de la serie, *Viaje a Ixtlán*, publicado en 1973, consiguió el doctorado en Antropología por la UCLA. Por entonces, la novelista Joyce Carol Oates publicó una carta en el *New York Times* donde expresaba su desconcierto por el hecho de que uno de sus críticos hubiera aceptado las narraciones de Castaneda como no ficción. Al año siguiente, la revista *Time* llevó a portada un artículo que revelaba que Castaneda había mentido sobre su origen –no era brasileño–, sobre la profesión de su padre –no era relojero–, sobre el servicio militar y sobre su edad.

Quien mayor empeño puso en criticarlo y destapar sus incongruencias fue Richard de Mille, hijo adoptivo del legendario director de cine Cecil B. DeMille, que en 1976 demostró que todo era un fraude. Según De Mille, los profesores de la UCLA sabían desde el principio que todo era un engaño pero no lo desvelaron porque apoyaba sus teorías posmodernistas que negaban la existencia de una realidad objetiva, independiente del observador. Para ellos, la realidad era un constructo social, una idea que fue calando en los departamentos universitarios hasta convertirse en la corriente de pensamiento principal de las facultades de humanidades en la década de 1980.

En su libro *Castaneda's Journey: The Power and the Allegory* (1976), De Mille señala que «durante los nueve años que recolectó plantas y cazó animales con don Juan, Carlos no aprendió ni un solo nombre

George Lucas confesó que se había inspirado en don Juan para
dar forma a la teoría de la Fuerza que exhibe Yoda, el maestro jedi de *Star Wars*.

indígena de planta o animal». Encima, su obra estaba llena de detalles inverosímiles sobre el desierto que contradecían lo que otros
antropólogos habían escrito. También denuncia que no menciona
la bibliografía que usó para las «enseñanzas» –descubierta por De
Mille–: una lista que ocupa cuarenta y siete páginas. En opinión de
este escéptico, «las aventuras de Carlos no sucedieron en el desierto de Sonora, sino en la biblioteca de la UCLA». La prueba más
demoledora fue demostrar que don Juan no podía ser un chamán
yaqui porque ese pueblo no usa el peyote en sus rituales.

Castaneda organizó a su alrededor un grupo de devotos seguidores
del conocimiento de don Juan. Se inventó una técnica chamánica, a la
que llamó tensegridad, que designaba una serie de movimientos –los
pases mágicos– cuyo objetivo era percibir la energía directamente, tal
como fluye en el universo. El término lo había tomado prestado del
arquitecto estadounidense Richard Buckminster Fuller. Contracción
de integridad tensional es un principio arquitectónico que se refiere
a una sinergia estructural entre tensión y compresión. Para gestionar

Don Juan usaba el peyote para ver más allá de lo aparente. Esta planta es común en las ceremonias rituales de los indios de Norteamérica —en la imagen, siux de Dakota—.

su nuevo negocio, Castaneda creó una empresa, Cleargreen, a través de la cual vendía libros, talleres, cursos, conferencias… Los seminarios costaban mil doscientos dólares y fácilmente podían reunir a ochocientas personas.

El grupo más próximo al maestro estaba formado por cinco mujeres, totalmente entregadas a él. En su obra, las llamaba «las brujas» y todas eran o habían sido sus amantes. Cuatro de ellas, Florinda Donner-Grau, Taisha Abelar, Amalia Márquez y Kylie Lundahl desaparecieron un día después de la muerte de su maestro y nunca más se las ha vuelto a ver. Unas semanas después, Patricia Partin, la hija adoptiva y amante de Castaneda, también desaparecía. En 2006, se encontró su esqueleto en el Valle de la Muerte. Se cree que «las brujas» se suicidaron, pues Castaneda insistía en lograr la trascendencia a través de una muerte elegida con nobleza. Sin embargo, nunca se inició una búsqueda policial.

Carlos César Salvador Arana Castañeda nació en Cajamarca, en 1925. Estudió escultura en la Escuela de Bellas Artes de Lima y, esperando triunfar como artista en Estados Unidos, marchó en busca de la gloria en 1951. A su llegada, desempeñó diferentes trabajos, mientras que acudía a clases de filosofía, literatura y escritura creativa en

Nacido en Perú, Castaneda fue experto en borrar su historia personal y mantenerse alejado de los fotógrafos.

Los Angeles Community College. La mayoría de los que lo conocieron lo recordaban como un narrador brillante de fascinantes ojos marrones. Medía metro y medio y evitaba por todos los medios que le tomaran fotos. En 1959 se matriculó en Etnografía en la Universidad de California en Los Ángeles y al año siguiente se casó con Margaret Runyan, con la que empezó a juguetear con el ocultismo. Pero la vida en pareja no era algo que le entusiasmara y solía desaparecer de casa durante días. A su mujer le decía que era para irse al desierto. Como era de esperar, la pareja terminó separándose.

Un año antes de la muerte de su exmarido, Ruyan publicó *A Magical Journey With Carlos Castaneda*, donde asegura que don Juan fue una ficción extravagante creada a partir de las lecturas, conversaciones y actividades que compartió con Carlos. En su opinión, «gran parte de su mística se basaba en el hecho de que, incluso, sus amigos más cercanos no estaban seguros de quién era».

Cuando, en 1973, este controvertido personaje decide desaparecer de la escena pública, lo justificó diciendo que estaba cumpliendo con la orden de don Juan de volverse «inaccesible» y «borrar la historia personal». Dejó de hacerse fotografías y prohibió cualquier tipo de grabación de su voz.

En los años noventa, dijo a sus seguidores que, al igual que hiciera don Juan, él no moriría sino que se convertiría en una bola de luz y se uniría a la energía del universo. En el verano de 1997, le diagnosticaron cáncer de hígado. Se suponía que los hechiceros no podían enfermar, así que su dolencia se llevó en el más estricto secreto. Un año más tarde, moría a los setenta y dos años. Los medios de comunicación no se enteraron hasta dos meses después. Nadie sabe qué fue de sus cenizas.

La universidad nunca revocó su doctorado y aquellos antropólogos que vieron en el éxito de sus libros una defensa de su forma de pensar posmodernista, aunque sabían que todo era mentira, nunca dijeron nada. Un profesor universitario llegó a justificar su éxito diciendo que, «hayan o no hayan ocurrido sus experiencias, ello no influye para nada en la verdad de la narración». Aunque esa postura no fue compartida por toda la comunidad académica. William W. Kelly, director del Departamento de Antropología de la Universidad de Yale, afirmó: «Dudo que encuentre un antropólogo de mi generación que considere a Castaneda como algo más que un estafador inteligente. Quizá para muchos sea una divertida nota a pie de página por la credulidad de algunos profesores ingenuos, pero para mí sigue siendo una perturbadora e imperdonable violación de la ética».

# ¿Tienen sentimientos las plantas?

**Tienen capacidades de percepción, cálculo y comunicación insospechadas... Aunque eso no significa que practiquen la telepatía, como sugieren algunas hipótesis pseudocientíficas.**

En 1966, Cleve Backster, un especialista en interrogatorios de la CIA, estaba decidido a medir la velocidad a la que sube el agua en un filodendro desde la raíz hasta sus hojas. Experto en el uso del polígrafo –o detector de mentiras–, Backster sabía que mide la resistencia eléctrica, y pensó que esta se alteraría al regar la planta. Así que colocó los electrodos del polígrafo en una de las hojas. Para su sorpresa, «el trazado comenzó a mostrar un patrón típico similar al que se obtiene cuando se somete a un ser humano a un estímulo emocional de corta duración».

Esto hizo que Backster se desmelenara y, a medida que investigaba, sus afirmaciones subían de tono. Así, dijo que bastaba con que pensara que iba a quemar una hoja para que la planta registrara una respuesta de estrés. ¿Tienen las plantas percepción ex-

Para el botánico Stefano Mancuso, las plantas funcionan como una especie de cerebro enorme, que se encuentra distribuido por todas las células de su organismo.

trasensorial?, se preguntó. Para demostrarlo, puso en una habitación a hervir agua y le echó unos diminutos crustáceos llamados camarones de salmuera. Mientras, en una habitación contigua, había colocado el polígrafo a una planta. Los registros se dispararon en el momento en que los pequeños crustáceos morían hervidos. Backster lo tenía claro: las plantas tenían conciencia telepática. Llamó a esta sensibilidad «percepción primaria» y publicó los hallazgos de sus experimentos en el *International Journal of Parapsychology*, en 1968.

El anuncio de su trabajo provocó un gran revuelo, hasta el punto de que muchos otros científicos intentaron reproducirlo. En 1975, K. A. Horowitz, D. C. Lewis y E. L. Gasteiger replicaron el experimento, pero, como publicaron en la revista *Science*, los resultados no fueron estadísticamente significativos. Y lo mismo ha sucedido en otras pruebas que se han realizado desde entonces.

La idea de que las plantas son capaces de sentir emociones no era nueva. Apareció por primera vez en 1848, cuando Gustav Fechner, un psicólogo experimental pionero de la psicofísica, sugirió que crecían más sanas si se les daba conversación, atención y afecto. Medio siglo más tarde, en 1900, el físico y botánico Jagadish Chandra Bose —cuyo nombre ha pasado a la posteridad de la física en el condensado de Bose-Einstein– diseñó diversos dispositivos destinados a medir las respuestas eléctricas en los vegetales. Según él, se producía un espasmo eléctrico cuando la vida de una de ellas llegaba a su final. ¿Pero estamos ante algún tipo de emoción o es una pura respuesta bioquímica básica?

Hoy, los devaneos con el tema siguen en plena forma. Dejando a un lado elucubraciones pseudocientíficas, es innegable que las plantas perciben y reaccionan al medioambiente. Una de sus más reputadas estudiosas en la actualidad es Suzanne Simard, ecóloga de la Universidad de Columbia Británica (Canadá), que asegura que los árboles pueden comunicarse entre ellos de manera similar a como lo hacen los animales.

Por su parte, el profesor de la Universidad de Florencia Stefano Mancuso habla de neurobiología vegetal, un término quizá exagerado pues las plantas no poseen realmente un sistema nervioso. Aun así, en su laboratorio, las entrenan del mismo modo que otros neurocientíficos hacen con sus ratas de laboratorio. Por ejemplo, si se deja caer una gota de agua sobre una *Mimosa pudica* –adormidera o nometoques– su respuesta instintiva es replegar las hojas. Pero si se hace de forma continua, la planta dejará de reaccionar. Para Mancuso, eso es prueba de que la adormidera se da cuenta de que el agua es inofensiva. Es más, puede retener este conocimiento durante semanas, incluso, cuando cambian sus condiciones de vida, como la iluminación. «Descubrir que pueden memorizar durante dos meses fue una sorpresa», reconoce Mancuso.

Para este investigador, los vegetales son, incluso, mucho más perceptivos que los animales. Lejos de ser silenciosos y pasivos, son sociales y comunicativos: son expertos en detectar campos electromagnéticos sutiles generados por otras formas de vida; utilizan productos químicos y aromas para advertirse mutuamente del peligro, disuadir a los depredadores y atraer insectos polinizadores. Así, cuando las orugas empiezan a devorar el maíz, este emite una señal de angustia química que atrae a las avispas que se alimentan del bicho invasor.

En definitiva, parece que las plantas también son seres sensibles –una mala noticia para aquellos veganos que no comen carne por cuestiones éticas–, aunque no hay ninguna prueba de que posean capacidades telepáticas.

# Auras fotogénicas

**Una simple técnica fotográfica es capaz de captar halos de luz que rodean a objetos y personas, pero se les han atribuido características pseudoespirituales sin fundamento alguno.**

En 1939, Semión Davídovich Kirlian ejercía como electricista en la ciudad rusa de Krasnodar. Era considerado el mejor profesional de la zona en la reparación de equipos eléctricos, y por eso se le solía reclamar para arreglar instrumental científico de los laboratorios de la zona. Ese año, mientras presenciaba una demostración de un dispositivo de electroterapia, se dio cuenta de que se producía un pequeño destello de luz justo entre los electrodos de la máquina y la piel del paciente. No fue el primero en presenciar el fenómeno, pero sí en preguntarse si lo podría fotografiar. Y empezó a experimentar: reemplazó electrodos de vidrio por otros de metal para tomar imágenes en luz visible. Después de muchos intentos y una quemadura eléctrica severa, en la placa fotográfica apareció su mano rodeada de una luminosidad casi fantasmagórica. Acababa de inventar la fotografía que lleva su nombre, Kirlian.

El aparato era muy simple: una placa metálica que proporciona una descarga de alto voltaje y muy baja intensidad, protegida por un vidrio sobre el que se coloca el papel fotográfico. Encima de todo se pone el dedo, la mano o lo que se quiera. La descarga provoca un fenómeno relacionado con los famosos fuegos de San Telmo, que aparecen cuando el aire se ioniza dentro del fuerte campo magnético generado durante las tormentas marinas.

En las fotografías Kirlian lo que aparece es un aura brillante alrededor del perfil del objeto. Está demostrado que no es más que una consecuencia del efecto corona, bien conocido en física y que podemos ver los días nublados alrededor de los cables de alta tensión. El aura aparece cuando una avalancha de electrones producida entre dos electrodos –la placa de la cámara Kirlian y un dedo, por ejemplo– choca con las moléculas de aire y las ioniza, produciendo una emisión de tono azul violáceo. Es una consecuencia de las propiedades eléctricas que poseen los tejidos vivos.

Representación de los siete chakras,
supuestos vórtices de energía que unen la mente con el cuerpo.

Kirlian pensó que podía utilizarse para diagnosticar enfermedades: «En los seres vivos vemos las señales del estado interno del
organismo reflejarse en la intensidad, debilidad y el color de los
resplandores». Escribió numerosos artículos, pero nunca se le hizo
mucho caso hasta 1970, cuando dos periodistas norteamericanas,
Sheila Ostrander y Lynn Schroeder, publicaron el libro *Psychic Discoveries Behind the Iron Curtain* (en España se tituló *Manual de experimentos
parapsíquicos*). Bastó con cambiar la expresión «propiedades eléctricas de los tejidos» por «aura» o «campo de energía humano» para
que la fotografía Kirlian pasara a mostrar nuestro cuerpo astral en
colorines. Por supuesto, los parapsicólogos no dejaron escapar esta
oportunidad: Thelma Moss –jefa del Laboratorio de Parapsicología
de la Universidad de California en Los Ángeles– afirmó que no solo
se fotografiaba el aura, sino también el estado de conciencia.

Pero entonces, unos científicos decidieron emprender lo que a nadie se le había ocurrido hasta ese momento: hacer experimentos controlados. Alain Ledoux, por ejemplo, mostró que la mejor forma de
potenciar el aura era sumergirse en un baño de ácido: es tan potente
el efecto que hasta una simple hoja de papel acaba mostrando un
aura magnífica. Y si añadimos que la intensidad puede aumentarse

Caroline Myss dice ser experta en diagnosticar los desequilibrios energéticos que afectan a nuestra salud.

apretando con fuerza sobre el cristal o colocando un pie sobre un metal para descargar a tierra, o que el color depende del tipo de placa fotográfica y de si su parte posterior es transparente u opaca, uno se puede imaginar dónde queda «el descubrimiento paranormal del siglo XX».

Pero lo más extraordinario sucedió cuando a alguien se le ocurrió cortar un pedazo de hoja a un árbol y justo después hacerle una fotografía Kirlian: ¡por arte de magia aparecía el contorno de la hoja entera! Para los parapsicólogos, el aura mantenía aún la forma original de la planta... La explicación a este fenómeno la encontró Richard Szumski, un profesor de fotografia de la Universidad Estatal de San José, en California, que intentó en numerosas ocasiones obtener la imagen de la parte fantasma de la hoja: «Nunca lo logré salvo si cortaba la hoja después de haberla colocado sobre la placa fotográfica... como si hubiera dejado una débil huella antes de que pasara la descarga eléctrica». Más claro, agua.

Lo curioso es que esta variante del efecto corona no la descubrió Kirlian, sino el físico alemán Georg Christoph Lichtenberg en 1777, cuando describió las chispas dejadas por el polvo en una placa de resina al aplicar una descarga de alto voltaje con una aguja. A partir de 1851, esas figuras empezaron a fijarse en los daguerrotipos: fueron las primeras fotografías Kirlian, ochenta años de su invención.

El aura tampoco es un concepto nuevo. Hacia 1840, el barón Carl von Reichenbach, experto en meteoritos, realizó una serie de experimentos a una serie de personas capaces de ver colores —en forma de llamas— alrededor de diferentes objetos. Aquellos dotados, todos de excelente posición social, eran como cámaras Kirlian de carne y hueso. El cobre mostraba un resplandor rojizo con una llama verdosa; el de la plata era blanquecina; el del azufre, azul, al igual que el plomo y el cobalto… Es más, imanes, metales, cristales, planetas y estrellas les transmitían sensaciones de calor o frío, y de alegría o desagrado. Para Reichenbach era consecuencia del Od, una fuerza solo detectable por los ojos de los dotados. Estaba relacionada con el magnetismo, pues un imán era capaz de quedarse adherido en la mano de un sensitivo, como si estuviera hecha de hierro, aunque era incapaz de afectar a la aguja imantada de una brújula.

En 1846, el inglés James Braid demostró que todo era sugestión: los sensitivos eran capaces de detectar oro o sentir la palma de su mano atraída irremediablemente hacia un imán aun cuando no hubiera ni oro ni imán en la sala. Curiosamente, a ningún dotado se le ocurrió dirigir sus ojos hacia los seres humanos, y el aura cayó en el olvido.

Hubo un tímido renacer de este concepto de la mano de un curioso personaje que abandonó el sacerdocio para dedicarse al ocultismo y al misticismo: Charles Webster Leadbeater. Estaba convencido de que con sus poderes clarividentes podía realizar investigaciones científicas. Gracias a ello pudo descubrir, por ejemplo, que los átomos de hidrógeno están formados por seis cuerpos contenidos en un recipiente con forma de huevo. Pero su contribución más importante fue introducir la visión occidental del aura, a la que incorporó los chakras —en sánscrito «rueda»— de la doctrina budista, remolinos o vórtices de energía que Leadbeater asoció cada uno con una glándula, órgano u otra parte del cuerpo. Su visión durmió el sueño de los justos hasta que en los años setenta apareció el citado libro de Ostrander y Schroeder.

A quien mejor le vino este renacimiento fue a un tipo de curandero netamente occidental, al que podríamos denominar intuitivo. Su razonamiento es simple: el aura puede enfermar y causar nuestras dolencias orgánicas. Copian así a la medicina tradicional china, pues para ella las enfermedades son un desequilibrio del chi, energía mística que anima a todo lo viviente. Y si sumamos los chakras de Leadbeater, el discurso de los sanadores energéticos está completo.

Nadie es capaz de decir qué son realmente los chakras, ni de qué están hechos, ni nada. El curandero energético no necesita pruebas diagnósticas; simplemente sabe. Afirma utilizar su perspicacia, por llamarla de algún modo, para diagnosticar por teléfono, radio o internet. Y no solo con enfermedades orgánicas: Judith Orloff, autotitulada psiquiatra clarividente, hace lo propio con los trastornos mentales.

De todos ellos quien mayor fama acumula es la norteamericana Carolines Myss, que posee un fantasmagórico doctorado en Intuición y Medicina Energética por la Greenwich University, organización de enseñanza a distancia no reconocida que operaba –hasta que fue clausurada– en Australia, California y Hawái. Myss parece que descubrió que es más fácil, menos arriesgado y más lucrativo escribir libros y dar cursos y seminarios sobre medicina intuitiva, donde salpica la ideología Nueva Era con términos científicos. Gracias a su ciencia infusa, este tipo de sanadores dicen que son capaces de diagnosticar y curar el aura, el chi u otro tipo de «energía» o «vibración» que desarmoniza nuestro cuerpo. Y solo lo pueden ver ellos.

# El rayo más mortífero

**Una descarga eléctrica mató en 1902 a veinticinco personas dentro de una iglesia del pueblo orensano de Allariz, que es también el lugar donde se juzgó al primer asesino en serie: Manuel Blanco Romasanta.**

En 1902, algo extraordinario sucedió en la localidad orensana de Allariz, que la prensa de la época llegó a llamar *la catástrofe de Allariz*. Era la mañana del 24 de junio y la iglesia románica de San Salvador de Piñeiro estaba a rebosar, pues se celebraba una misa funeral. A las diez y media de la mañana, una tormenta empezó a descargar con fuerza. En pocos minutos, un rayo entró por la cruz de la iglesia, que se partió en dos. Según contaron los testigos, «llegó a dar dos vueltas al templo, y salió después por la ventana de la sacristía».

Y se desató el infierno: el balance final fue de veinticinco muertos y ciento ocho heridos, algunos graves. Los culpables fueron el extraño rayo y el terror de los asistentes. El hecho de que las puertas estuvieran cerradas para protegerse de la tormenta agravó la desesperación de los vecinos. Según los forenses, por culpa del rayo solo murieron doce personas; el resto de fallecidos y heridos fue por aplastamiento y asfixia. Y lo más sorprendente: no murió ninguno de los seis sacerdotes que

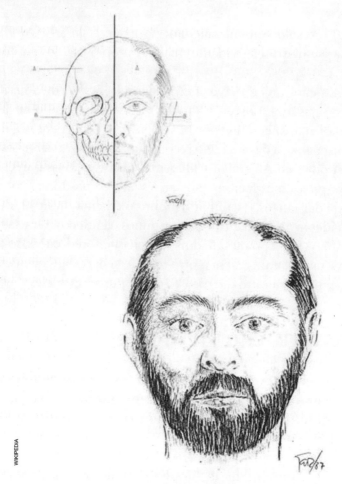

WIKIPEDIA

Retrato robot y cráneo de Manuel Blanco Romsanta,
al que se le atribuyeron una veintena de asesinatos

se encontraban celebrando la eucaristía. Según Cid Rumbao, autor de *Historia de Allariz. Villa y corte románica*, los curas salvaron sus vidas porque la seda de sus casullas les proporcionó aislamiento.

Para los habitantes de Allariz, lo ocurrido fue un castigo divino, y no faltó quien dijera que era un lugar en el que pasan cosas. Y una de ellas fue el juicio al primer asesino en serie conocido de la historia, Manuel Blanco Romasanta, alias Sacamantecas, que fue capturado en Nombela (Toledo) y juzgado en Allariz. Se le acusó de asesinar a sus víctimas y sacarles la grasa para venderla.

Muy amigo de sus amigos —sobre todo de las amigas—, cosía, bordaba, hacía trajes y vestidos, por lo que se ganó fama de *afeminado*.

Rubio y de facciones suaves, apenas llegaba a 1,40 metros de estatura. Pero bajo ese dulce rostro se ocultaba un psicópata que se cree que mató a veinte personas, aunque él confesó trece y solo se le pudo juzgar por nueve. Sus víctimas casi siempre fueron mujeres, madres solteras o separadas a las que seducía para luego asesinarlas, junto con sus hijos pequeños, cuando supuestamente les llevaba hacia una vida mejor en Santander u Orense. Luego enviaba mensajes a sus familiares haciéndose pasar por ellas y diciendo que estaban afincadas en esas ciudades.

Su primer crimen conocido lo cometió en 1844, cuando asesinó a un alguacil de León que pretendía cobrarle una deuda. Huyó y regresó después de unos meses bajo identidad falsa. Poco a poco fue ganándose el afecto de los vecinos del pueblo de Rebordechao, hasta que fue detenido en 1852. El juicio, en Allariz, fue un espectáculo: Manuel declaró que era un hombre-lobo y contó con todo lujo de detalles sus transformaciones.

Condenado al garrote vil el 6 de abril de 1853, Isabel II le conmutó la pena por cadena perpetua. Murió en la prisión de Ceuta, en 1863. Pero la historia de Romasanta no se cierra con su muerte. En 2011, Fernando Serrulla, responsable de la Unidad de Antropología Forense del Instituto de Medicina Legal de Galicia, afirmó que era una mujer, hipótesis adelantada tres años antes por el antropólogo Xosé Ramón Mariño Ferro. En su partida de nacimiento aparece como Manuela, aunque un registro parroquial ocho años después lo confirmaba como Manuel. Serrulla piensa que al nacer sus padres no tuvieron muy claro el sexo del bebé. Para el experto estamos ante un caso de pseudohermafroditismo femenino, una forma de estado intersexual que pasa de padres a hijos.

# SERES EXTRAORDINARIOS

En 1955 se publicaba en Francia el libro *Sur la piste des bêtes ignorées* (Tras la pista de animales desconocidos). Su autor era un zoólogo llamado Bernard Heuvelmans, y en él planteaba el método idóneo para rastrear e identificar animales desconocidos e ignorados por la ciencia. Proponía, además, que la comunidad científica reconociera una nueva disciplina: la criptozoología. El libro conoció un éxito sin precedentes, tanto dentro como fuera del país galo. Heuvelmans se tomó muy en serio su propuesta: bautizó a esos animales perdidos como críptidos y en 1982 fundó la Sociedad Internacional de Criptozoología, que existió hasta 1998, cuando cerró sus puertas por problemas financieros. Seguramente, el que durante todo ese tiempo no encontraran pruebas de la existencia de ningún de los animales que perseguían también tuvo algo que ver.

Considerada por la comunidad científica como una pseudociencia en toda regla, la criptozoología comparte con otras disciplinas similares, como la pseudoarqueología o la teoría llamada de los antiguos astronautas, su misma forma de trabajar: interpretar leyendas y otros relatos de ficción como una descripción de la realidad y hacer afirmaciones fantasiosas y nunca sustentadas con pruebas sólidas. ¡Ah! Y no olvidemos también el otro gran tema: ser víctimas de una conspiración académica para acallar sus voces.

Ilustración del Yeti, una gran bestia bípeda
de pelo blanco que viviría oculta en los rincones más recónditos del Himalaya.

Por supuesto, su búsqueda se centra en grandes animales: dinosaurios, homínidos, monstruos marinos, serpientes gigantes… En ningún momento se plantean descubrir animales que tengan una envergadura inferior a un metro. Solo del estilo de Nessie tenemos repartidos por el mundo varios, cada uno con su propio lago: desde el segundo monstruo lacustre más famoso, Nahuelito −del lago argentino Nahuel Huapi−, hasta Caddy, Champ, Ogopogo, el Chan o Memphre.

Todos los críptidos comparten la misma historia, que puede resumirse en dos palabras: *efecto timidez*. O sea, no hay forma de obtener otra cosa de ellos que no sean testimonios inconsistentes y fotografías y filmaciones borrosas o movidas. Al parecer, su envergadura no les impide ser esquivos, sino todo lo contrario: cuanto mas grande es, más difícil resulta verlo.

# El Yeti y Bigfoot: dos quimeras

**El uno camina solitario cerca de las escarpadas cumbres del Himalaya; el otro vaga por los bosques de Norteamérica. O eso es lo que creen los apasionados de la criptozoología.**

El italiano Reinhold Messner es considerado el mejor alpinista de la historia. Fue la primera persona en coronar el Everest en solitario y sin ayuda de oxígeno, y la primera en escalar las catorce cumbres de más de ocho mil metros sin oxígeno. Tamaña proeza le ha dejado sin siete dedos de los pies, perdidos por congelación. En 1986, mientras se encontraba en el este del Tíbet, se topó con el Yeti. Una noche lo vio a diez metros de distancia. Medía unos dos metros y medio de alto, emitía una especie de silbido y apestaba. «Por un segundo −contó−, ese ser permaneció inmóvil, luego dio media vuelta y se esfumó en la oscuridad». Messner cayó en la cuenta del peligro que corría si volvía el animal: era de noche y estaba solo. Echó a correr en busca de un poblado y casi le destrozó una jauría de perros antes de que encontrara refugio en una vieja cabaña.

Desde entonces, Messner se dedicó a buscar a aquel ser por los caminos más perdidos del Himalaya. Según cuentan, son los que viven en aldeas accesibles solo por senderos quienes temen al Yeti y creen en él. En los poblados por donde pasan las carreteras, esta criatura es solo una leyenda. «Los tibetanos hablan del *jemo* (uno de los nombres del Yeti) como si fuera un animal común», dice el alpinista, «al que solo te puedes encontrar de casualidad y por la noche». Las huellas son la única prueba de su existencia, aunque en las aldeas más remotas de la región corren muchas historias de secuestros, ataques, robos e incluso violaciones protagonizadas por el Yeti, el abominable *hombre de las nieves*.

La primera referencia escrita a este ser apareció en 1832 en *The Journal of the Asiatic Society of Bengal*. El texto reproducía historias de cazadores nepalíes que habían visto en las montañas criaturas altas, peludas y parecidas a simios. Pero lo que inició la locura por el Yeti fue una foto hecha en 1951 por el alpinista británico Eric Shipton mientras exploraba una nueva ruta al Everest. Entre quienes lo acompañaban estaba un joven Edmund Hilary, que se convertiría en el primer hombre en pisar esa cima junto al sherpa Tenzing Norgay, en 1953. Una tarde, mientras estaban en el campamento a cinco mil metros de altitud, Shipton encontró unas huellas: parecían de unos pies descalzos de treinta y tres centímetros de largo. Puso un piolet junto a una, tomó una foto y el Yeti dejó de ser una leyenda tibetana para entrar en la historia.

En los cincuenta explotó la yetimanía. Decenas de expediciones buscaron a la criatura, y se sucedieron durante años, sin éxito. En 2014, un equipo de la Universidad de Oxford liderado por el genetista Bryan Sykes estudió el material genético obtenido de «treinta muestras de cabello atribuidas a primates anómalos» provenientes del Himalaya: tras comparar el ADN extraído con el almacenado en GenBank, la base de datos de secuencias genéticas de los Institutos Nacionales de la Salud estadounidense, concluyeron que había «una coincidencia del 100% con el ADN recuperado de un fósil de *Ursus maritimus* (oso polar) de hace más de cuarenta mil años». Sykes propuso la hipótesis de que el legendario animal era un híbrido de oso.

En 2015, otros dos genetistas de Oxford argumentaron que Sykes y sus colegas habían cometido un error, y apuntaron al oso pardo del Himalaya (*Ursus arctos isabellinus*), extremadamente raro. De la misma opinión es Messner, que en 1997 viajó al Tíbet y vio en un monasterio budista un ejemplar disecado de esa especie: «El enigma del abominable hombre de las nieves quedó resuelto para mí…». Según él, el Yeti o *jemo* no sería más que una forma rara de oso pardo que suele caminar erguido y es de costumbres nocturnas. Lo cierto es que la identificación

El oso pardo del Himalaya –casi con toda probabilidad el verdadero Yeti– es muy escaso y difícil de ver en la naturaleza.

del legendario ser con un oso es antigua, y puede encontrarse tanto en los escritos de exploradores británicos de finales del siglo XIX como en las investigaciones de los científicos más modernos.

Tampoco hay pruebas de que exista el Bigfoot (pie grande) o Sasquatch, el *primo* norteamericano del Yeti: solo fotos borrosas, filmaciones sospechosas y, eso sí, muchos testimonios. Como el de un policía de Russells Point (Ohio), que el 24 de junio de 1980 dijo haber visto salir de un granero una criatura peluda de más de dos metros de alto que se ocultó en una arboleda cercana, dejando en el aire un desagradable y fuerte olor. Lo llamativo es que hasta 1958 no había noticias de este ser: fue en agosto de ese año cuando apareció en la prensa la noticia de que unos obreros que trabajaban en la construcción de una carretera en Bluff Creek (California) habían encontrado unas grandes huellas (treinta y ocho centímetros de longitud) de pies de apariencia humana: de ahí el nombre de Bigfoot. A partir de ahí se multiplicaron los testigos que decían haber visto –e incluso filmado– al *bicho*.

En diciembre de 2002 se descubrió el pastel de las huellas: el hijo del contratista de las obras de Bluff Creek reveló que había sido su recientemente fallecido padre, Ray Wallace, quien las había creado

Presunta huella del Yeti, fotografiada el 13 de diciembre de 1951 por Eric Shipton, muy cerca del Everest.

con unas plantillas de madera, para asustar a los ladrones de material de las obras. Además, se supo que la grabación más famosa del bigfoot –duraba un minuto, se le veía caminar y la hizo en 1967 un vaquero llamado Roger Patterson– era un fraude. Wallace había dicho a Patterson dónde ir para filmar a la criatura, que no era más que un tal Bob Heironimus, disfrazado.

Pero los aficionados a la criptozoología son inasequibles al desaliento, incluso cuando el supuesto pelaje de Bigfoot es sometido a análisis genético. En julio de 2005, los testigos de una aparición del animal en el Yukón (Canadá) recogieron lo que dijeron que era un mechón de un *Pie grande* de tres metros de alto. David Coltman, genetista de la Universidad de Alberta, lo analizó con la esperanza de encontrar algo «potencialmente interesante». Vana ilusión: «El perfil de ADN de la muestra de pelo que recibimos del Yukón encaja con el de referencia del bisonte americano», concluía su artículo publicado en *Trends in Ecology and Evolution*.

# La sirena de Fiyi

**Burdo montaje de pez y mono –y desenmascarado como tal en su época–, esta fantástica criatura cobró fama en el siglo XIX gracias al talento publicitario del empresario circense T. P. Barnum.**

Phineas Taylor Barnum, el famoso empresario circense estadounidense, la describió así en su autobiografía: «Era un espécimen diminuto, feo, seco y de aspecto negro, de unos 3 pies de largo [casi un metro]. Su boca estaba abierta, la cola volteada y sus brazos levantados, dándole la apariencia de haber muerto tras una gran agonía». Lejos de ser la hermosa doncella de los cuentos, la sirena de Fiyi era repugnante, como un «salmón con pechos caídos». El rostro, aunque semejante al humano, lanzaba una mirada terrorífica. Tenía escamas de pez con pelo de animal superpuesto.

No es necesario guardar más el secreto: la sirena de Fiyi fue un montaje compuesto por el torso y la cabeza de un mono cosido a la mitad trasera de un pez. Se cree que fue fabricada en Japón alrededor de 1810, donde supuestamente era una forma de arte tradicional entre los pescadores. La compraron unos comerciantes holandeses cuyo barco, rumbo a Inglaterra, se hundió, pero el capitán estadounidense Samuel Barrett Eades rescató del mar a la tripulación, incluida a nuestra protagonista. Eades quedó tan fascinado con ella que se la compró a los holandeses. Su intención era ganar dinero exhibiéndola.

Primero lo hizo en Ciudad del Cabo, y en septiembre de 1822, Eades la mostró en una cafetería de Londres: todo aquel que quería verla tenía que pagar un chelín. Durante aquel otoño, la sirena de Fiyi fue la comidilla de la capital del Imperio británico. Eades creía que su preciada posesión era auténtica, pues invitó a dos naturalistas a que la examinaran. El tiro le salió por la culata, pues dejaron claro que se trataba de una falsificación. Su dueño no cejó hasta encontrar otros dos expertos que expresaron la opinión contraria. Pero al capitán le perdió su petulancia y dijo a los medios que Sir Everard Home, cirujano de profesión y naturalista de vocación, había declarado que era genuina. Esto enfadó mucho a Sir Home, quien consiguió que varias publicaciones anunciaran que la sirena era un engaño.

En este punto de la historia se le pierde la pista hasta 1842, cuando un inglés se pone en contacto con Moses Kimball, propietario del Museo de Boston, y le dice que había heredado un artículo insólito de su padre. En cuanto Kimball vio la sirena, la compró. Amigo de P. T. Barnum, la llevó a Nueva York para mostrársela al gran empresario circense. Este hizo que un naturalista la examinara y descubrió el pastel, pero no se dejo arredrar: estaba convencido de que aquel engendro atraería mucho público al museo. Barnum no le compró la sirena a Kimball, sino que se la arrendó por doce dólares y medio a la semana. E ideó un plan.

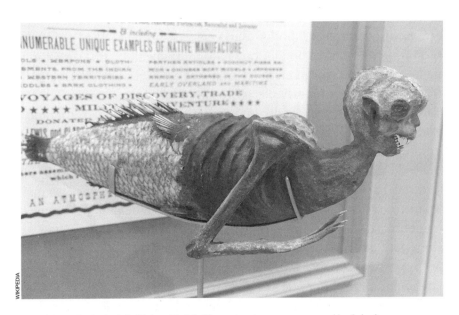

En el Museo Peabody de la Universidad de Harvard está expuesta esta versión de la sirena, aunque se desconoce si es la original o una copia adulterada.

El empresario encargó a uno de sus socios, Levi Lyman, que enviara cartas anónimas a los periódicos de Nueva York haciéndose pasar por un tal doctor J. Griffin del Liceo Británico de Historia Natural y diciendo que tenía en su poder algo que había atrapado en América del Sur. Como había que ser convincentes, a mediados de 1842 Griffin se registró en un hotel de Filadelfia y mostró la sirena al propietario. Este le rogó que se la dejara ver a algunos de sus amigos, muchos de los cuales eran editores de periódicos. La caña estaba lanzada.

En julio de 1842, Griffin viajó a Nueva York y la enseñó a un pequeño grupo de personas, tal y como hizo en Filadelfia. Obviamente, Barnum avisó a la prensa diciendo que un inglés había llegado con una sirena. Varios reporteros se acercaron al hotel de Griffin y le pidieron verla; la respuesta fue un rotundo no. Justo después de esto, el empresario circense se dedicó a visitar las oficinas de los principales periódicos de Nueva York para explicar que había estado tratando de convencer a Griffin de que exhibiera la criatura en su museo. Barnum les entregaba una imagen de la sirena con el pecho desnudo.

Y ahora vino la genial jugada de Barnum, reconocida como uno de los trucos publicitarios más ingeniosos de todos los tiempos: aseguró a los directores de cada uno de los periódicos que la imagen era exclusiva y que no podía usarla porque no tenía el permiso de Griffin, pero eso no impedía que ellos la divulgaran. Los directores de los rotativos cayeron en la trampa y el 17 de julio de 1842 la publicaron junto con un artículo sobre el tema.

Ya estaba todo preparado: los neoyorquinos estaban desesperados por verla. Siguiendo con el plan, Griffin anunció que la exhibiría durante una semana en el New York Concert Hall, que se vio desbordado por el aluvión de gente. Incluso el falso naturalista inglés se atrevió a dar conferencias afirmando que como todos los animales terrestres tenían contrapartidas en el océano –caballitos de mar, leones marinos…–, también deberían existir humanos marinos, y la sirena era prueba de ello. Después de una exitosa semana, Griffin aceptó generosamente que Barnum mostrara la sirena en su Museo Americano. El número de visitas se triplicó.

Tras una accidentada gira por el sur de Estados Unidos y un viaje a Londres en 1859, la sirena quedó instalada en el Museo de Boston de Kimball. A principios de la década de 1880, el museo fue destruido por un incendio, y se supone que la criatura ardió con él, pero hay quien dice que se recuperó de entre los escombros. De hecho, en 1897, los herederos de Kimball donaron una sirena al Museo Peabody de la Universidad de Harvard –donde todavía se encuentra–, aunque se desconoce si es la original o una de las muchas copias que corrieron por el Estados Unidos. En realidad, la figura del Peabody es diferente a la que aparece en la autobiografía de Barnum. Aquí se la representa de pie, en vertical, mientras que la del Peabody está montada en horizontal, como un pez, con una cabeza pequeña y sin pechos.

# Sin noticias de Nessie

**Tanta fama tiene el monstruo escocés como escasos testimonios –fotos y vídeos borrosos– hay de su existencia. Incluso se ha buscado su ADN en las aguas del lago que supuestamente habita.**

Escocia, tierra de castillos y whisky, también es la patria del más famoso monstruo sobre la faz de la Tierra: Nessie. Como todos sabemos, recibe el nombre del lago en el que habita, una masa de agua

de casi cuarenta kilómetros de largo, dos de ancho y hasta doscientos treinta metros de profundidad.

Su verdadera historia empieza el 4 de agosto de 1933, cuando el periódico *Inverness Courier* publicaba una peculiar noticia: el 22 de julio, George Spicer y su esposa habían visto cruzar la carretera, delante de su automóvil, a la «más extraordinaria forma de animal» que hubieran visto nunca: una criatura de un metro de alto y ocho de largo con un cuello largo, ondulado y estrecho.

El 21 de abril de 1934 el *Daily Mail* publicó la que se iba a convertir en la fotografía más famosa de la criatura. Supuestamente tomada por el ginecólogo londinense Robert Kenneth Wilson, en ella se ve un cuello y una cabeza sobre la superficie del lago. Durante sesenta años fue considerada la prueba definitiva de la existencia de Nessie, a pesar de que el *Sunday Telegraph* denunció en 1975 que era un fraude.

En 1984, el arquitecto Stuart Campbell analizó la foto y llegó a la conclusión de que el objeto retratado no podía tener más de un metro. Diez años más tarde, un escultor llamado Christian Spurling confesaba que era un engaño. La historia completa se publicó en forma de libro en 1999. Todo fue una tomadura de pelo destinada al *Daily Mail* perpetrada por un actor y director de cine

ARCHIVO TK

Esta foto, tomada en 1934, dio la vuelta al mundo y asentó la leyenda
del monstruo del lago Ness.

sudafricano llamado Marmaduke A. Wetherell. El periódico se había reído el año anterior de él por unas supuestas huellas gigantes de Nessie que Wetherell había encontrado cerca del lago, y que resultaron ser un fraude. Así que decidió vengarse colándosela al diario. Spurling hizo un pequeño modelo del cuello, lo colocó en un submarino de juguete y con Wetherell lo probó en un estanque para comprobar que funcionaba.

La siguiente gran prueba de su existencia fue una película de 1960. En treinta segundos de filmación, se ve algo moviéndose por el lago, pero resulta imposible identificar ninguna forma. La expectación que levantó fue tal que expertos de la fuerza aérea británica analizaron la cinta y determinaron que, efectivamente, un objeto se desplazó aquella tarde del 23 de abril de 1960... compatible con un barco de pesca de la zona.

Con la llegada del siglo XXI los escasos avistamientos se han reducido hasta casi desaparecer. Y ya que nadie ha sido capaz de localizar al monstruo en décadas, a lo mejor es posible encontrar algo de su ADN flotando en el lago. Este fue el razonamiento de un equipo liderado por el experto en ecología molecular y evolución Neil Gemmell, de la Universidad de Otago (Nueva Zelanda), que en abril de 2017 recogió doscientas cincuenta y nueve muestras del famoso lago escocés, incluidas de sus profundidades. Claro que para no parecer una «simple caza de monstruos» –como él mismo describió–, la expedición iba a tener un objetivo más científico: «estudiar la biodiversidad del lago de una manera sin precedentes, agregando información sobre los movimientos de especies de peces migratorias como el salmón, la anguila y la lamprea», explicó Gemmell. «El ADN podría respaldar explicaciones alternativas para los avistamientos de Nessie, como puede ser el esturión gigante o el siluro», añadió. Por el momento, el análisis de las muestras no ha revelado nada sorprendente.

Sea como fuere, hay dos cuestiones difíciles explicar: por qué nunca se han hallado los restos de un animal muerto, salvo que nos creamos que Nessie lleva viviendo doce mil años, que es cuando el lago Ness se descongeló, ni de dónde saca todo el alimento que necesita un animal que supuestamente pesa entre diez y veinte toneladas.

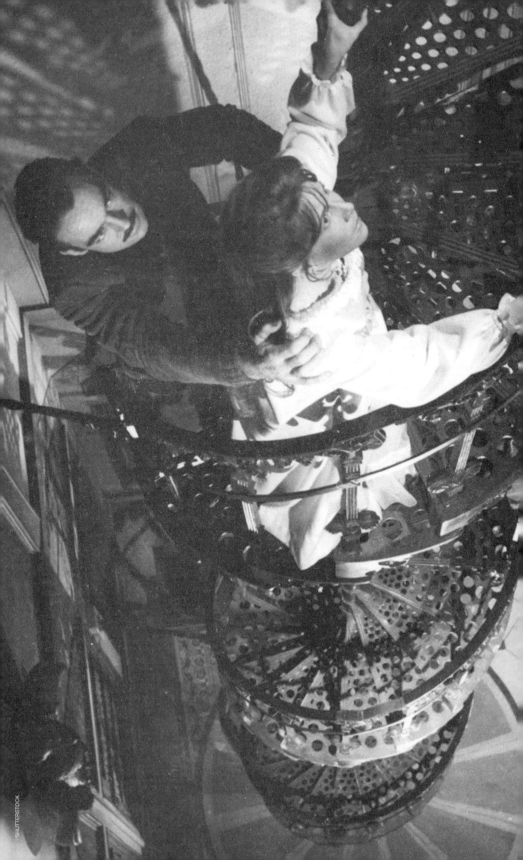

# BASADA EN
# HECHOS ANORMALES

Muchas películas con temática paranormal dicen basarse en una historia real, aunque al final solo lo sea vagamente o, como suele suceder con la mayoría, lo único que tienen en común es el lugar donde se ambienta. Desde la española *Verónica* (2017) hasta *El exorcista* (1973), pasando por las series de televisión *Expediente X* o la más moderna *Proyecto Libro Azul*, el mundo del cine ha sacado partido a nuestro gusto por el misterio. Eso sí, salvo honrosas excepciones, el estereotipo manda. Al igual que la televisión, el séptimo arte es tremendamente conservador y prefiere apostar por lo que ya ha funcionado en taquilla. De todas las posibilidades que ofrece el mundo de los fenómenos extraños, dos son los temas más recurrentes: los fantasmas y los extraterrestres.

La temática alienígena entronca directamente con la ciencia ficción, cosa que no es de extrañar. ¿Queremos *E. T.* en épocas remotas? La referencia clásica es *2001: Una odisea del espacio* (1968), del mago Stanley Kubrick, que fue un hito por su estilo visual, sus efectos especiales y su realismo científico. Su opinión de que unos seres avanzados aceleraran nuestra evolución es la idea central de los defensores de los antiguos astronautas. Siguiendo esta línea tenemos el filme —convertido después en franquicia para televisión— *Stargate* (1994), que bebió de las historias de extraterrestres construyendo las

Tom Crruise se enfrentaba a una invasión extraterrestre en *La guerra de los mundos* (2005), dirigida por Steven Spielberg.

pirámides de Egipto y secuestrando pueblos enteros del Paleolítico en el norte de África.

Claro que Hollywood ha pensado que también podían haber venido en épocas más recientes: ahí tenemos la mediocre *Cowboys & Aliens* (2011). Justo lo contrario es la europea *El poder de un dios* (1989), donde somos nosotros los que descubrimos una sociedad medieval en otro planeta y enviamos a un equipo científico para estudiarla.

Más relaciones entre extraterrestres y antiguas civilizaciones, sobre todo la egipcia, aparecen en *Alien vs. Predator* (2004), de Paul William Scott Anderson, que venía de dirigir una de las pocas películas que han tenido como protagonista un agujero negro: *Event Horizon* (1997). Indiana Jones también tiene su trocito de pastel con la cuarta entrega de la franquicia (*El reino de la calavera de cristal*, 2008) que, siendo la más taquillera de todas, ha sido catalogada como una de las cincuenta películas más decepcionantes de todos los tiempos por *Total Film Magazine*.

Otro tema recurrente en el cine de extraterrestres es el del primer contacto. Aquí los tenemos para todos los colores. Por un lado, los que vienen a recriminarnos lo mal que lo estamos haciendo como en *Ultimátum a la Tierra* (1951) –nada que ver con el *remake* de 2008–, dirigida por Robert Wise. Seguramente Wise sea más conocido por *West Side Story* o *Sonrisas y lágrimas*, pero los aficionados a la ciencia ficción lo recordarán también por *La amenaza de Andrómeda* (1971), donde un puñado de científicos tiene que enfrentarse a un virus de origen extraterrestre. La Sociedad de Enfermedades Infecciosas de Norteamérica señaló que es la película «más científicamente precisa y prototípica de todas las películas de este género [virus asesino]...».

Pero donde Hollywood echa el resto es en las invasiones alienígenas, como las dos versiones de *La guerra de los mundos* (1953 y 2005) o la desternillante *Mars Attacks!* (1996), de Tim Burton. Entre las ciudades de Estados Unidos que más han sufrido con los extraterrestres está Los Ángeles: en *Skyline* (2010), donde un grupo de personas tiene que lidiar con E.T. que llegan en bolas de luz azul; y en *Invasión a la Tierra* (2011), en la que los marines han de enfrentarse a un enemigo abismalmente superior. *Independence Day* (1996) sigue esa estela, pero el guion proporciona a los humanos una ventaja táctica: la nave espacial que se estrelló en Roswell. Al revés que en el mito, el platillo

*El exorcismo de Emily Rose* (2005) se basa en una historia real,
la supuesta posesión que experimentó la joven alemana Anneliese Michel.

no se desintegra, sino que está entero y con su tripulante atrapado en el Área 51.

Una invasión más sutil (y menos cara de producir) propone *Están vivos* (1988), obra de John Carpenter donde los alienígenas nos controlan a través de mensajes subliminales. Imposible no mencionar *La invasión de los ultracuerpos* (1956), que ha conocido tres versiones pero ninguna como la original de Don Siegel. En este caso, la invasión se hace mediante semillas que, al crecer, copian nuestros cuerpos y mentes, menos los sentimientos.

La cinta de Siegel se desliza hacia el terror, donde marcó época *El proyecto de la bruja de Blair* (1999). A ella le debemos la proliferación de películas del tipo *metraje encontrado*. Esta técnica suele funcionar, pues da ese toque de realismo que necesitan los títulos de miedo. Ahí está *Alien Abduction: Incident in Lake County* (1998), que algunos televidentes lo confundieron con algo real. *Paranormal Activity* (2007) podría incluirse en el subgénero, aunque se presenta como un documental montado con las grabaciones de las cámaras de los protagonistas.

En las antípodas encontramos *Colombo va a la guillotina* (1989), en la que el inefable detective de la gabardina debe resolver un crimen producido durante un experimento para determinar la percepción extrasensorial. Esta es, quizá, la única película en la que todo tiene

ARCHIVO TK

Nunca volvimos a ver igual la pantalla de una televisión sin señal
después de *Poltergeist* (1982).

una explicación prosaica (y fraudulenta). «Una isla de cordura en un mar de insensatez», definió Isaac Asimov al curioso telefilme.

Si hablamos de casas encantadas *reales* no podemos dejar de mencionar la más famosa del mundo, Amityville, protagonista de veinticuatro películas desde que se estrenara la primera 1979. En general, las historias de inmuebles embrujados son de dos tipos: una familia que sufre un *poltergeist* y tiene que llamar a un especialista para que les ayude, o un equipo de investigadores que acude a una casa para resolver el misterio. Uno de los mejores ejemplos del primer tipo es *Poltergeist* (1982), supuestamente dirigida por Tob Hooper, aunque realmente lo hizo Spielberg. Los fans siempre lo sospecharon, pero no fue hasta la muerte de Hooper en 2017 cuando se hizo pública la verdad. Del segundo tipo tenemos un clásico como la británica *La leyenda de la casa del infierno* (1973), basada en la obra homónima de uno de los escritores que más ha hecho por el terror en el siglo xx: Richard Matheson.

Con todo, el problema de las películas de casas encantadas es que se vuelven previsibles, y desde que dependen tanto de los efectos visuales, son demasiado anodinas. Justo en el polo opuesto destaca una de las mejores películas de terror de la historia: *La casa encantada* (*The Haunting*, 1963), dirigida por ese gran maestro que fue Robert Wise.

Sin casi efectos visuales, consigue transmitir aquello en lo que la mayoría falla con muchos más recursos. Tiene la virtud de enseñarnos –dentro de un límite– cómo son *poltergeist* supuestamente reales...

Por supuesto, la estrella de las posesiones no puede ser otro que el diablo, protagonista invisible de decenas de películas. Ahí tenemos *El exorcismo de Emily Rose* (2005), basada en la historia de una joven epiléptica de veintidós años que fue sometida a 67 ritos de exorcismo durante un año hasta que acabó muriendo de desnutrición. Debido a este caso, el número de exorcismos en Alemania autorizados por la Iglesia disminuyó, a pesar de que el papa Benedicto XVI era partidario de ellos.

Para terminar este paseo con el diablo nos queda por mencionar tres referencias clásicas: *La semilla del diablo* (1968), *El exorcista* (1973) y *La profecía* (1976). A esta última le ha pasado lo que ha muchas otras de terror: si en su estreno no fue muy bien recibida, con el tiempo ha ido ganado adeptos.

Este libro se acabó de imprimir en el mes de junio de 2022
en QP Quality Print Gestion y Produccion Grafica, S.L.
Molins de Rei (Barcelona)